もっと
結果を出せる
人になる！
「ポジティブ脳」
のつかい方

茂木健一郎

Gakken

はじめに

もう悩まない！
大きな結果が出る「ポジティブ脳」を手に入れよう

みなさん、充実した毎日を過ごしていますか？

毎朝起きたとき、その日一日を楽しみに感じられているでしょうか。

絶不調？　なんだかこのところ落ち込んでいる？

いや、大丈夫ですよ、そのままで。

「茂木さん、ずいぶん冷たいじゃないか！」なんて思われる方、いらっしゃるかもしれませんね。

けれども私はそうやって毎日を「好調」「不調」に左右されずに、平静な気持ち、つまり脳が〝フラット〟な状態で過ごしています。

おかげで、やりたいことをやって、世界中の行きたいところにも行って、本当にスランプ知らずなんです。

いったいどうしたら、そんな脳のつかい方ができるのでしょうか？

その方法をご提案するのが本書です。

ところで、落ち込んでいる人、元気がない人への〝定番アドバイス〟に、次のようなものがあります。

「くよくよしないで、もっとポジティブに考えましょう！」

「もっと前向きに、元気出そうよ。次はきっとうまくいくはず！」

落ち込んでいるときに、誰かからこんなふうに励ましてもらった経験、みなさんにもありますよね。

これらの考え方は、前向きでポジティブなものに思えるかもしれません。

でもこれ、じつは本物の「ポジティブ」ではないことをご存知でしょうか？

たしかに、他人から親身になぐさめてもらったり、自己啓発書などでよくある〝ポジティブ・アドバイス〟を読んだりすると、いっとき心が元気になります。その瞬間は、ネガティブな気分をぬぐい去ってくれるかもしれません。

でも、再び現実の生活に戻ってみると、相変わらずのガッカリな状態。

「ポジティブに考えたってムダだよ。結局、何も解決していないじゃないか！」と、やるせない気持ちになった経験は多くの人が持っているものです。

じつはこれこそが、私たち日本人がおちいりがちな「ニセモノ・ポジティブ」の典型なのです。

「落ち込んだときや困ったときに、前向きに考えることの何が悪いの？」

そんな声も聞こえてきそうですね。ではなぜ、こうした〝前向きな考え方〟がニセモノ・ポジティブなのかをご説明しましょう。

なぜなら**〝前向きな考え方〟とは、脳のエネルギーを消費して、行動するためのエネルギーを消耗させてしまいがちな存在だからです。**

私たちの脳は日々、多くのエネルギーを消費しながら活動を続けていますが、脳活動のエネルギーには限りがあります。

無理やりに前向きな考え方や、非現実的ともいえるほど壮大な空想で脳を高揚させてばかりいると、脳が本来やるべきことにつかうエネルギーがどんどんなくなっていくのです。

キラキラした「素晴らしい考え」に取りつかれてしまうと、脳はパワーダウンしてしまい、「行動」にも「結果」にも結びつきません。

現代の日本社会には、このようにニセモノ・ポジティブで自分をたきつけて、頑張ることに疲れきって、自分の「今」にも「将来」にも希望を持てなくなってしまった人がたくさんいるのです。

たしかに悩みや不安に直面したとき、「ポジティブにならなくちゃ！」と自分をふるい立たせる人も多いことでしょう。でも、一時的にモヤモヤを回避しただけでは、あなたが本来持っている素晴らしい行動力は発揮されません。

そして、「あんなことをやりたい」「こうなったらいいな」というビジョンも実現されません。それではいったい、なんのための人生なのでしょうか？

私はみなさんに「ホンモノ・ポジティブ」体質になってほしいのです。

では次ページで「ホンモノ・ポジティブ」「ニセモノ・ポジティブ」の違いを具体的にご説明しましょう。

もしも「ニセモノ」の項目に3つ以上当てはまるなら、あなたの脳はエネルギーをつかい果たして、元気がなくなっている状態かもしれません。

ニセモノ・ポジティブ

- 根性論が好き
- 評論家的な言動
- 口ぐせに「たら」「れば」が多い
- いうことのスケールが、とにかく大きい
- 結局、行動に移せていない
- 「他人の評価」がとにかく大切！
- 良い・悪い、高い・低いなど、「世間の基準」で判断する

ホンモノ・ポジティブ

・具体論が好き
・アスリート的な言動
・口ぐせに「なぜだろう」「してみよう」が多い
・いうことのスケールが等身大
・小さくてもいいから、実現性の高いことを目指す
・人と自分を必要以上に比較しない
・自分らしい「オリジナルの考え方」を持っている

みなさんがこのニセモノ・ポジティブ状態から脱するためには、**耐えて頑張るという「根性論＝頑張りズム」を今すぐに手放し、自然体でラクに生きる「ポジティブ脳」を手に入れることが何よりも重要です。**

それさえできれば、仕事でも勉強でも最高の結果を手にすることができるようになります。

その具体的な方法は次章より詳しくお伝えしていきますが、まずここで強調したいのは、「ポジティブ脳」を強化していくために、特別な才能は必要ない、性格の良し悪しなどは関係がない、ということです。

考え方をちょっと変えてみると、一瞬で「ポジティブ脳」に切り替わる――。これは、人間の脳が持つひとつの才能です。

本書をご一読いただき、みなさんが自分らしく楽しい人生を謳歌することができたなら、筆者としてこれほどうれしいことはありません。

茂木健一郎

Contents

もっと結果を出せる人になる！

「ポジティブ脳」のつかい方

1

ポジティブ思考には「ホンモノ」と「ニセモノ」がある

2

「好き」を見つけて、ストレスに負けない「ポジティブ脳」に！

3

弱点を長所に！「発想の転換」で脳を味方につけよう

4

「論理」のチカラで、悩みは消える！

5 「ポジティブ脳」で人生をラクに、楽しく生きる！

編集協力／神原博之（K．EDIT）
写真撮影／橋詰芳房
装　丁／石間　淳
本文デザイン・DTP／新田由起子・徳永裕美（ムーブ）

1

ポジティブ思考には「ホンモノ」と「ニセモノ」がある

Positive

「ポジティブ思考」の大きなカン違い

「そんなにネガティブに考えないで、ポジティブに考えていこうよ！」

職場で、プライベートで、こんな言葉がひんぱんに飛び交ってはいないでしょうか。

こうした発想は、一般的に「ポジティブ思考」として理解されています。

けれどもこれを脳科学者として見たとき、ポジティブ思考について少々誤解があるのではないか、と心配に思えてなりません。

「とにかく頑張ることで道は開ける」とか「とにかく明るく考えれば事態は好転する」などと、無理やりにでも前向きに考えることが、ポジティブ思考なのだと考えてはいないでしょうか？

これはまったくの誤りであるということを、私は知ってほしいのです。

じつは、社会的な大きな流れとして、「ポジティブ心理学」というものがここ二十年ほど日本で流行しています。

その背景として、ポジティブ心理学研究の分野では世界でもトップクラスのアメリカの影響を大きく受けていることがあるでしょう。

たとえば、うつ病と異常心理学に関する世界的権威で、学習性無力感の理論で有名なマーティン・セリグマン。

『スタンフォードの自分を変える教室』（大和書房）で知られる健康心理学者で、個人の健康や幸せ、成功に関する研究に携わっているスタンフォード大学のケリー・マクゴニガルも、その流れにあるといっていいでしょう。

あるいは「幸福」「創造性」「主観的な幸福状態」「楽しみ」といった研究を行い、「フロー」の概念を提唱したことで知られるミハイ・チクセントミハイなどがその代表的な存在です。

では、このポジティブ心理学は、なぜアメリカで生まれたのでしょうか？

資本主義の国・アメリカには、もともと「成功するためにはどうすればいいのか」を解き明かすための心理学的な研究や、ビジネスにおける戦略思考が発達する学問的な土壌がありました。

そして、アメリカと並び高い経済成長を目指す日本でも、自分の感情をうまくコントロールして目標達成へと近づける学問が重視され、影響を受けているのだと思います。まさに成果主義の社会を反映している事象だといえるでしょう。

この「目標達成のための手段」であるアメリカ発のポジティブ心理学と、日本人特有の「根性論＝頑張りズム」が不完全に融合して迷走しているという、ちょっと困った状況が現在の日本にあるのです。

しかしここで、心理学の発達の歴史をたどってみると、興味深い事実が浮かび上がります。

それは、かつての心理学は精神分析学のパイオニアであるフロイト以来、「ネガティブな事象」に焦点を当ててきたということです。いってみればこれは〝ネガティブ心理学〟となるでしょう。

そこでは精神分析においても、コンプレックスやトラウマ、あるいはヒステリーといった事象に着目し、「メンタルのバランスを崩してしまった人をどう助けるか」ということに重点を置いてきました。

一方、その後に発展したポジティブ心理学は、〝ネガティブ心理学〟を補完する意味もあって、健康な人がより健康になるにはどうすればいいか、あるいは、より創造的になるにはどうすればいいか、といった研究に意義を置いています。

つまり、ふたつの学問は表裏一体で、どちらも重要。ポジティブを研究することは、ネガティブを研究することと決して無関係ではなく、じつは非常に深く結びついています。

もっとわかりやすくいえば、こういうことになります。

ポジティブな感情とネガティブな感情は、それぞれを脳で区別できるものではなく、一体のものであるということ。

どちらが良くて、どちらが悪いというものではないということ。

これが、ポジティブ心理学の最先端をいくアメリカの研究の常識といえるでしょう。

ただ、どういうわけか日本では「ポジティブな感情」ばかりが間違った解釈でほめそやされ、一方の「ネガティブな感情」は、その内容を誤解されて不必要に嫌われてしまっている……。そんな状況といえるわけです。

私たちが本当の「ポジティブ脳」を手に入れ、それをつかいこなすためには、こうした経緯を知ったうえで、まず日本独特のポジティブ思考への誤解を解いておくことが必要だと思います。

無菌志向は「ポジティブ脳」のジャマをする！

アメリカのハーバード大学やスタンフォード大学といった、世界に名だたる名門大学にポジティブ心理学の講座がある理由。それは先述の通り、ビジネスの世界で役立つ「目標達成」の実学であり、実際にポジティブ思考を持つことで成功した人や自己実現した人がいるためです。

一方で、私が日本におけるポジティブ思考と聞いてまず感じるのは、こうした本来の目標達成という目的からそれて、ちょっと上滑りしているところがあるということです。

ポジティブさを重視するあまり、ネガティブな感情を消し去ってしまう〝潔癖〟な発想。いってみれば、かつて流行した「無菌志向」のイメージです。

さて、無菌志向とはどのようなことでしょうか。

そもそも人間は、カビやウィルス、細菌といった微生物と共存しながら生きてきたわけですが、それらをすべて有害なものととらえ、完全に除去してしまいたいと考えることが無菌志向です。かつて多くの日用品に「除菌加工」が施され、お店にびっしりと並んだ光景を覚えていらっしゃる方も多いのではないでしょうか。

けれど、もともと私たちの周囲にはウィルスや細菌だらけです。口などから入る日常の雑菌と共存することによって、じつは免疫が強化されたり、風邪への抵抗力を得ることもできるのです。

つまり、人間は成長する時期に雑菌との戦い方を学習しておかなければ、雑菌に対する抵抗力が弱くなってしまうのです。

そしてそれと同じように、ポジティブな感情も、その対極にあるネガティブな感情とうまく共存していかなければならないということを、ここでお伝えしたいと思います。なぜなら、ネガティブ思考というのは、まさに今述べた雑菌のようなものであって、必ずしも除去しなければいけないとは限らないからです。

むしろ、**ネガティブな感情は嫌う必要などなく、これこそが、私たちの脳と心の強**

い免疫となり、ポジティブな感情と一体となってエネルギーを発揮するといえるからです。

これは「ポジティブ脳」を考えていくうえで、最初に押さえておかなくてはいけないポイントです。

ネガティブな感情に気づくと、ポジティブになれる

「無菌志向のようにネガティブな感情を撲滅してはいけないことはわかった。けれども放っておくと、不安や怒りやねたみなどのネガティブな感情は、どんどん増殖してしまう。いったいどうしたらいいんだ！」

ここまで読んで、こんな感想を持った方もいらっしゃることでしょう。

基本的に、人間の感情というものは抑えることができません。

なぜなら、不安や怒り、あるいはねたみといった感情は、抑えつけようとすればするほど暴れてしまう、というのがポジティブ心理学の見解だからです。

感情の動きとは、水の流れで考えてみるとわかりやすいかもしれません。

川の上流で雨が降れば、水は必ず下流へと流れます。それをうまく導いて、水の流れを安全かつ有効に管理することが治水の基本です。

ところが、その流れを無理にせき止めようとすれば、水が氾濫《はんらん》したり、土砂崩れが

起きてしまう。そこで最近は、水を押さえつけず、そのエネルギーをうまく誘導することで、自然と人間が共生する方法が考え直されるようになっています。

感情にも、水と似たところがあります。ネガティブな感情は無理に抑えつけようとすることで、やっかいなことになることが多いのです。

たとえばそれは、対人関係においてよく見られる現象です。

他人に対して、ネガティブな感情ばかり持っている人に、「ネガティブな感情はいけないよ」といったり、「なんでいつも、そんなネガティブな心でいるんだ！」と怒ったりするのは最悪の対応だといえます。

それよりも、不安や怒り、あるいはねたみといった感情を持った人が近くにいたなら、そのまま「あぁ、この人は今、そういう感情なのだ」という気持ちで受け止めてあげてください。そもそも人間の脳にはさまざまな感情が湧き起こるものであって、特段に珍しいことではないのですから。そして、その様子を肯定も否定もせず、いつも通りに対応していけばいいだけなのです。

また、自分に対してのネガティブな感情もやはり同じです。

「ああ、自分は不安や怒りやねたみという、ネガティブな感情を持っているな」ということを、まず自分自身で認めることが大事です。それを否定する必要はありませんし、ただいつも通りに日常を送っていけばいいのです。

このように、**自分自身の現状を他人の立場から、客観的かつ冷静に理解することを「メタ認知」といいます。**まずはここで、自分がそういったネガティブな感情を持っていることを、この「メタ認知」によって冷静に受け止めることから始めてみてはいかがでしょうか。

ネガティブな感情は、抑えつけるのではなく、まずその存在を理解して受け止めることが重要――。これが、現代の脳科学の見地によるアドバイスです。

メタ認知で「新しい現実」が訪れる！

さて、ここで出てきた「メタ認知で理解する」とは、どういうことでしょう？

それは**「良い」「悪い」という意味づけをすることではなく、「自分がネガティブな**

感情を持っているのは、どういうことなんだろう」と客観的に受け止めることを意味します。

すると、逆にそれがきっかけとなって、自分のポジティブな感情や行動にまでたどりつけることが多々あるのです。

たとえば、友だちにものすごく素敵な彼氏ができた場合。

あなたの中に「でもあの男、チャラいところがあるよね」「そのうち絶対フラれるわよ」といった、ネガティブな感情が生まれるかもしれません。

そんなときには、「なぜ自分は今、そういうネガティブな感情を持っているんだろう？」とメタ認知で自分を客観的に理解してみるのです。

すると「あ、もしかしたら自分も彼氏がほしいんじゃないかな。でも、今は彼氏がいないから、そう考えてしまうのかも」と考えを進めていくことができます。そして、「じゃあ、彼氏の友だちを紹介してもらっちゃおう」というポジティブなアクションにまでたどり着く――。

こうした「理解」の流れが大切なのです。そしてそれにより、ただネガティブな感情に惑わされていたときには生まれなかった「新しい現実」が目の前に出現します。

そうして、あなたの人生はポジティブな方向へと変化していくのです。

これこそが、本書でご提案したい「ポジティブ脳」の働きなのです。

仕事の場合でもこれはまったく変わりません。

たとえば同僚の誰かが成功したり、仕事が好調だったりするときには、「あんなヤツ、たいしたことない」などとネガティブな感情が生まれるものです。

けれどもここで、なぜ自分がそんな気持ちになるのか理解してみると、「自分も成功したいんだ」「いい仕事をしたいんだ」という本当の気持ちに気づくことでしょう。

こうやって〝意識の方向〟を変えてみると、ネガティブな感情で脳のエネルギーを無駄に消費することもなくなり、気分がとてもラクになるのです。

けれども、こんなときに「根性論」一点張りで、無理やり前向きに「俺だってスゴいんだよ！　自分サイコー！」とネガティブ感情を否定してみても、問題はまったく解決しません。

本当に向き合うべきなのは、〝ネガティブな感情の向こうにあるポジティブな感情〟です。どんなときでも「だったら、自分は今どうすればいい？」と考える「ポジティブ脳」を発揮してこそ、事態は好転していくのです。

考えすぎて動けない人には「脳と心の基礎体力」が必要

「ホンモノ・ポジティブ」と「ニセモノ・ポジティブ」があると考えたとき、行動に結びつくポジティブのキーワードは「身体性」です。

前向きなことを考えて精神を高揚させる。この行為自体が、実際の行動や結果に結びつくことはありません。そのままではニセモノ・ポジティブになってしまいます。それよりも**解決の方法を具体的に考え、実際に身体を動かして「身体性」を発揮してこそ、現実の問題は解決できるのです。**

今、目の前のことに集中しながら、そこで実際に手を動かす。あるいは頭脳を働かせて具体的に考える。こうした行為が、最終的にホンモノ・ポジティブにつながっていきます。

以前、ノーベル文学賞作家の大江健三郎さんが次のようなインタビューを受けていました。

「小説の書き方を聞かれたら、どうアドバイスしますか？」

すると大江さんは、「小説とは何か」といった大所高所から語ることではなく、その人の書いた文章を前にして「ここはこうすべきである」と具体的に方法を指導することしかできない、とおっしゃっていました。

これこそがまさに身体性の発揮ではないでしょうか。すなわち、脳と身体がしっかりとつながっていることが大切なのです。

このような身体性は、決して根性論や精神論では補えません。

もちろん、精神論は精神論できちんとした意味があるわけですが、一方で現場感や手を動かすといった「具体的なこと」が、ポジティブ脳の働きを活性化させるためには非常に大事なことなのです。

誤解を恐れずにいえば、「ポジティブでいよう」などと頭で考えなくても、仕事や勉強でまず先に体を動かす習慣を持っている人は、その時点で「ポジティブ脳」が発揮できているといえます。

なぜなら、**まず先に体を動かすことができるのは、すでに「脳と心の基礎体力」が**

できあがっている証拠だからです。

この「脳と心の基礎体力」をつけておかなければ、すばやい行動はできません。

けれども「ネガティブ脳」の人は、いざ行動するときにこの「基礎体力」がついていないため、その動けないことへの〝言い訳〟として、マイナスの感情を持ち出してくるのです。

よくあるのが、次のような言い訳です。

「自信がない……」

「気力がない……」

「わからない……」

たしかにこれらは、素直な感情から出てきた言葉かもしれません。

けれどもこれを、前項の「メタ認知」で客観的に理解してみましょう。

「なんで自信がないんだろう？」と考えると、その根本に「やったことがないから、できるかどうかわからないし、失敗したら恥ずかしい」という感情が見えてきます。

そして、「失敗したらみんな笑うのかな？」と考えをさらに掘り進めると、「いや、そんなことをする人たちは、いないはず」という判断にたどり着きます。

また、その反対に「きっと笑われるだろう。それは恥ずかしい」と理解することもあるでしょう。そんなときは「じゃあ、笑わない人たちとつき合えばいい」と自分の都合のいい方向に発想の転換をしていけばいいのです。そのほうが悩んでいるよりも、断然ラクに生きられると思います。

こうした「考える作業」を避けて、現状に立ち止まって行動しないことは、とてももったいないことなのです。

「私、考えすぎてしまって、動けないんです……」

こんな悩みを持つ人も多いようですが、これも事情はまったく同じです。

つまり、そういった人は「動かないで済ます」という目的のために、無理やりに考えてばかりいる、ということなのです。

けれどもこの事実を決してネガティブに考えず、「メタ認知」で客観的に考えてみてください。

動けない悩みを持つ人たちは、べつに臆病だったり、怠惰だったりするわけではありません。ただ単に「脳と心の基礎体力」が足りないだけなのです。

まずは毎日、ほんの少しでいいから行動してみましょう。

たとえば朝のあいさつ。考えすぎて「おはよう」がいえない人は、すれちがいながらペコリと頭を下げるだけでいいんです。なにも大げさに、目を見ながら笑顔で「おはよう」なんて、する必要ないじゃありませんか。

この「ペコリ」を続けるうちに、ちょっとずつ「脳と心の基礎体力」がついてきます。そうしてある日、「おはよう」がいえる日もくるのです。

まずは動く。そうすると、あとからそこに気持ちがついてくる……。どうか軽い気持ちでやってみてください。

「たら・ればスパイラル」にご用心！

ここまでお読みになった方はもう、本当に「ポジティブな人」とは、言葉が前向きだったり、やる気にあふれた人、というわけではない、とわかっていただけたと思います。

そもそもの基準が、「ポジティブな考えや言葉」が行動に直結しているかどうか、ただそれだけのことなのです。

ということは、**ポジティブな印象のかけ声をあげている人でも、そのポジティブが実際の行動に結びついているかどうかを確かめれば、その人がホンモノか、ニセモノかの見分けがつくわけです。**

わかりやすい例でいえば、次のような目標があったとします。

「よし、英語を勉強しよう！」

こう思い立ったとき、英語にちょっと自信があるAさんは「いやー、やっぱりこれからの時代は英語が必要だよね！」とまわりの人にハツラツと話していますが、実際に英語の勉強を始めてはいません。

その一方で、Bさんは英語が苦手なのですが、すぐに英語の参考書を買いに行き、一日一ページですが、実際に英語の勉強を始めました。

もうおわかりですよね？

「ポジティブ脳」を起動させて、ホンモノのポジティブ思考を身につけているのはBさんだということです。

AさんとBさんは、いずれも現代における英語の必要性を感じています。

ところが、Aさんはただ、やる気を無駄に消費しているだけの、ニセモノのポジティブ思考だということがわかります。

一方のBさんは、それを結果は小さくても実際の行動に結びつけているので、「脳と心の基礎体力」がどんどんついていきます。まさにこれが、結果を出す正しい「ポジティブ脳」のつかい方なのです。

満点じゃなくて、五点だっていいじゃないか！

たしかに、いざ英語を勉強すると思い立ってみても、仕事の合間に十分な学習時間を取ることは難しいでしょうし、やり続ける気持ちも維持しにくいかもしれませんね。じつはこんなときに、言葉に「ホンモノ・ポジティブ」と「ニセモノ・ポジティブ」の違いが現れます。

いざ英語学習を続けてみたときに、先ほどのAさんの会話には、こんな言葉が多くなります。

「まとまった時間が確保でき**たら**、実力も向上していくんだけどね」

「海外転勤して現地で仕事をす**れば**、英語なんて自然に頭に入っていくんだよ」

どちらの言葉も、行動を起こさない状態を前提に発せられています。

一方で先ほどのBさんは、いつもこんな言葉で自分自身に問いかけます。

「勉強する時間が作り出せないのは**なぜだろう**」

「とりあえず、出社前10分間の勉強を朝のルーティーンに**してみよう**」

こちらは両方とも、勉強するという行動を前提に発せられています。

このように、毎日のちょっとした言葉の習慣で両者の結果には大きく差がついていきます。たとえばAさんの言葉に見られるように「たら」「れば」を日常的につかっていると、どんどん行動からは遠ざかっていきます。

これが「たら・ればスパイラル」というもので、決して大げさではなく、人生のサイクルが逆回りになってしまいますから要注意です。

一方のBさんは「なぜだろう」「してみよう」と、行動のための言葉を日常で多くつかうことで「脳と心の基礎体力」が上がっていきます。

こうしてBさんのように、とにかくひとつ、どんな方法でもいいからやり始める。

これが何よりも重要なのです。

たとえ短い時間であっても、やった分だけ、脳と心の基礎体力がついてきます。

だから、とりあえずやってみる。やった分は、必ず身につく――。このサイクルを繰り返していけば、求める方向に発展的につながっていくのです。

これが私の経験から導き出した答えです。実際に私の生活はここ二十年ぐらい、朝から晩までずっと何かをやっている状態を維持しています。

まずは考えるより先に、とにかく、ちょっとでも動いてみる。たとえ満点が取れないとしても、五点だとしても、とりあえずのアクションを取ってみる。

そういった経験をどんどん積み重ねていくことで、やがて柔道の受け身のように、たとえ失敗して倒されてしまっても「こうやれば大丈夫だ」という、自分なりのスタイルがつくられていきます。

このスタイルこそが、「ポジティブ脳」なのです。

ポジティブ変身のカギは「発想の転換」

ところで、普段は自分を抑えてネガティブな雰囲気の人が、お酒を飲んだとたん、陽気でポジティブな人に変身することってありますよね？

あるいは、職場では控えめにふるまっているのに、気の合う友だちの前になると大胆なふるまいに変わる人もいるでしょう。

これは、脳の「脱抑制」が働いている証拠です。

それではこの「脱抑制」とは何でしょうか？

脳の前頭葉という部位は基本的に、その働き方にさまざまな抑制をかけ、自分を守ろうとする性質を持っています。自分に都合の悪い方向に思考が働こうとしたときに、前頭葉が抑制をかけて脳にストップをかけるのです。

そして、この抑制が外れた状態を「脱抑制」というのです。

抑制は、必ずしも都合のいい結果ばかりをもたらしません。たとえばネガティブに考えがちな人であれば、前頭葉がその「現状＝安定」を守るため、一見すると「変化＝危険」に思えるポジティブな考え方を回避する指令を出してしまうのです。

いかにしてその抑制を外し、脱抑制して「ポジティブ脳」を身につけるか。これは本書の重要ポイントともいえる大切な作用なのです。

そもそも「ネガティブ脳」から「ポジティブ脳」へと変身する、その作業自体は単純なことです。要は発想の転換をして、思う方向へと行動に移せばいいだけ。

けれどもそんなときに、脳は現状維持にこだわって、さまざまな抑制をかけて抵抗します。いってみれば、変わりたくても、脳自身が変わってくれないわけです。さて、どうやってその抑制を外していけばいいでしょうか。

大切なことは、決して脳に「強制」をしてはいけないということです。

「とにかくポジティブに考えるんだ！」などと脳に強制するのではなく、「ポジティブに行動するのは、じつはラクなことなんだよね」と発想を転換させて、脳をポジティブな方向に誘導すればよいのです。

とにかく深く考えず、目の前のことを「良い」とも「悪い」とも考えず、前述のように「脳と心の基礎体力」を養って、ただ淡々と行動する――。

それを繰り返していると、やがて脳の抑制が外れてモノの見え方が変わります。そして逆に、「無理して我慢していることのほうがつらいことなんだ」と思えるようになってきます。

「～だから」という思考のクセを手放す

ただし実際は、こうした発想の転換には個人差があります。もともと、ポジティブな要素が強い人もいれば、ネガティブな要素が強い人もいるのです。

なぜ、このような思考の差が生まれてしまうのかといえば、それまでの思考習慣の違いです。毎日考えたこととの繰り返し、つまり「思考のクセ」によって、ポジティブ脳とネガティブ脳の違いがつくられてしまっているのです。

たとえば〝決めつけ〟という思考のクセがあります。これは潜在意識がつかさどる最もやっかいなネガティブ思考の習慣です。

1 ポジティブ思考には「ホンモノ」と「ニセモノ」がある

「何歳だから無理」「女or男だから無理」「あの人だからできるんだ」など、「〜だから」という決めつけグセは、私たちの誰もが知らず知らずのうちにおちいりがちな思考のクセといえるでしょう。

そしてまた、多くの日本人が無意識にやってしまう典型的な〝決めつけ〟が「日本人だから無理」という思考習慣です。

多くの日本人の脳が、心地良い「現状維持」を好んで「日本人だから」という決めつけをすることにより、世界という舞台に出て行って行動しないことへの言い訳をしているのです。

でも今ようやく、そういったネガティブ思考は消えつつある気がします。

たとえばスポーツの世界を例にとれば、アメリカ大リーグで活躍するイチロー選手やイタリアのサッカーリーグ・セリエAで活躍する本田圭佑《ほんだけいすけ》選手をはじめ、日本人独特のネガティブ思考から脱出し、大きな結果を出す人たちが増えてきました。

たしかにスポーツの世界でも、以前は「日本人はメジャーリーグでは活躍できない」「日本人だからヨーロッパでは通用しない」といわれ続けた時期がありました。けれども、わざわざそういったことを考えることには、何の意義もありません。

目の前のことを「良い」とも「悪い」ともとらえずに、ただ淡々と「今、ここ」に集中する。そしてそれを、毎日わずかでもいいから続ける――。

これって「あの人たちだからできたこと」でしょうか？

違いますよね。みなさんもここはぜひ思考のクセを捨てて、リラックスして取り組んでほしいと思います。

ネガティブな人が「大きな結果」を出す方法

「なんでもネガティブに考えてしまう自分の性格が、つくづくイヤだ！」

そんな悩みを持っている方は多いことでしょう。けれども、こうしたネガティブな性格でさえも、「良い」「悪い」ではなく〝フラット〟に考えるのが「ポジティブ脳」のつかい方です。

話はちょっと横にそれますが、本書のシリーズ前作『結果を出せる人になる！「すぐやる脳」のつくり方』は読者のみなさんからご好評をいただき、その反響もさまざまなものがありました。

中でも特徴的だったのが「ネガティブな人ほど、大きな結果を叩き出す」という内容への共感の声です。

同書には「ネガティブ思考で危険に敏感な人ほど、いざとなれば果敢に大きな決断ができる」といった主旨の記述があるのですが、それについて読者の方々から、次のような声を多くいただいたのです。

「ネガティブな性格でもいいんだったら、一歩だけ踏み出してみようと思います」

「臆病で動き出せない自分がイヤだったけど、就活でチャレンジします!」

これは著者としても、本当にうれしい言葉です。多くの読者の方々が、自分のことをネガティブだと思っていたんですね。

でも、ちょっと待ってください。

この方たち、本当は「ポジティブ脳」じゃないですか!

自分の性格を「ネガティブ」とか「臆病」というふうに冷静に見つめつつも、発想を転換させて、実際にアクションを取られています。これはまさに「ポジティブ脳」が発揮されている証拠です。

ネガティブがポジティブに変わると大きなパワーが生まれる

先ほどもちょっとご紹介しましたが、アメリカのポジティブ心理学の世界ではネガティブな感情を必ずしも悪者とは考えず、自分が向上するためのきっかけとしてとらえています。

たとえば子どものころは、大人にくらべて何倍も時間が長く感じるものです。夏休みのお昼過ぎ、一緒に遊ぶ友だちが見つからなかったときの、あのえもいわれぬ退屈な気持ち……。覚えていらっしゃるでしょうか？

そもそも、退屈とはネガティブな感情だと思いますよね。けれどもこの退屈は、新しいものを欲している「好奇心に満ちた状態」ともとらえることができるわけです。もしもそこに一冊の昆虫図鑑があったとしたら、子どもの知識の吸収力は通常の何倍にも跳ね上がるというわけです。そうしてその興味は、さまざまな方向へとふくらんでいくことでしょう。

人間は、ネガティブな感情が強いほど、ポジティブな感情も強くなる。

それさえわかっていれば、この二つの反発をうまく利用することで、簡単に、大きな変化を起こすことができます。

その変化とは、たとえていうなら宇宙空間での飛行技術である「スイングバイ」のようなイメージです。

「スイングバイ」で、ネガティブからポジティブへ！

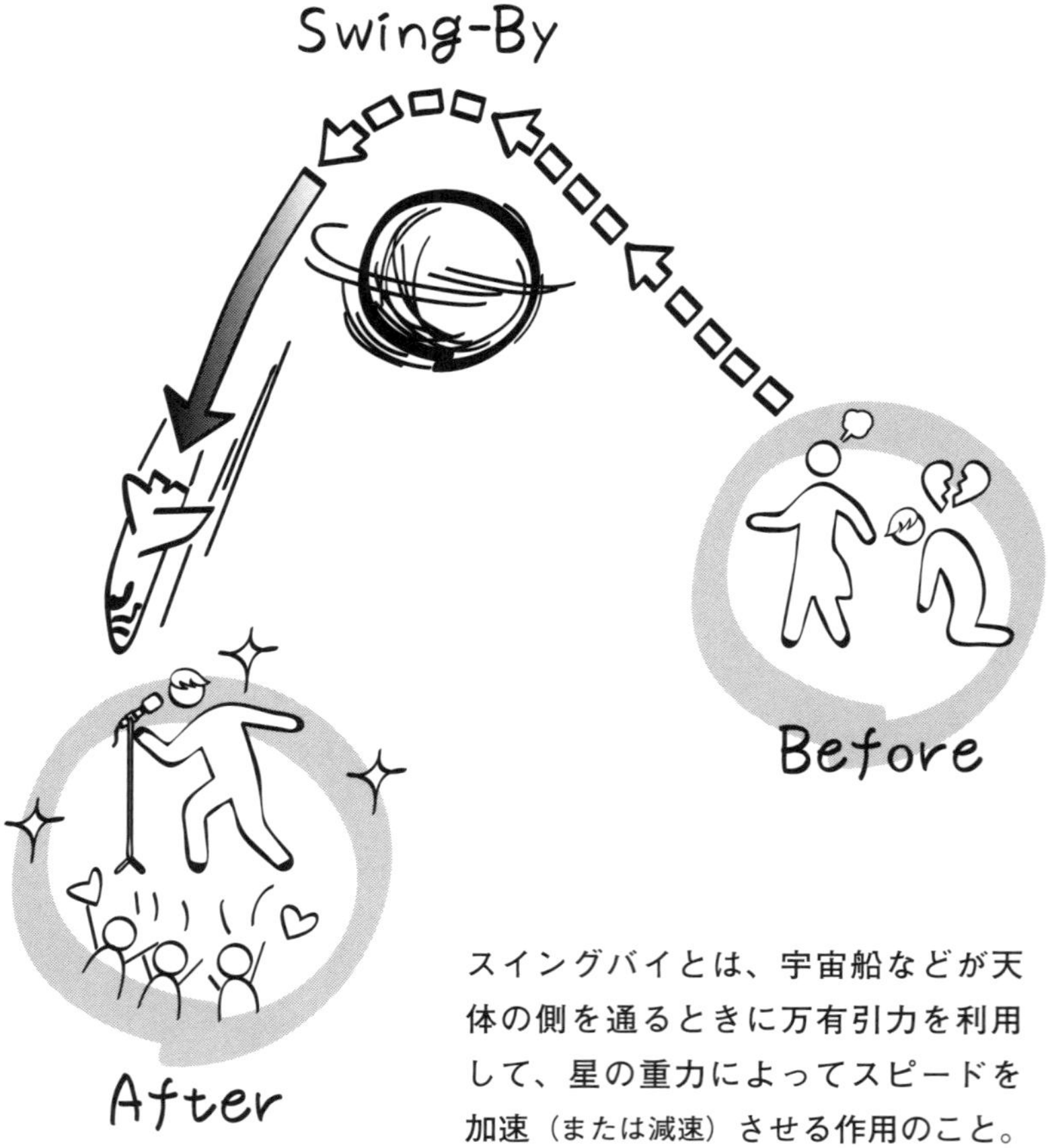

スイングバイとは、宇宙船などが天体の側を通るときに万有引力を利用して、星の重力によってスピードを加速（または減速）させる作用のこと。

ネガティブな感情を、あたかもハンマー投げの遠心力のように利用して、ポジティブな感情へと大きく飛躍させる。それさえできればこっちのもので、自然体のポジティブ思考が脳の中で回り出していきます。

たとえが宇宙船なのでちょっと大げさですが、やってみると意外と実行可能なことですので、こうした考え方もぜひ知っておいてください。

2

「好き」を見つけて、ストレスに負けない「ポジティブ脳」に!

Positive

なぜ、「ポジティブ脳」でなければいけないのか？

「そりゃあ、ポジティブに考えたほうがいいかもしれないけど、簡単にできることじゃないし、ネガティブな人間にはとてもハードルが高い！」

「べつに、ポジティブじゃなくたって、生きていけるんじゃないかな……」

こうしたご指摘、ごもっともです。

たしかに、すべての人がポジティブに生きる必要ってあるんでしょうか？

「ポジティブ脳」を持つことは、私たちにどのようなメリットがあるんでしょうか？

脳科学的な立場からいえることは次の言葉に尽きます。

「ポジティブな発想を持っていると、とにかく生きるのがラクになる！」

これは意外と見過ごされている重要なことなのですが、ポジティブな脳をつかい、〝フラット〟な心に寄り添って生きるようになると、本当に生きるのがラクになっていくのです。

ネガティブな感情に毎日を支配されて生きていると、脳の膨大なエネルギーを消費して気力を失ったり、ストレスで消耗して身体を壊したりなどと、人間の活力がどんどん奪われていきます。

ところが、「ポジティブ脳」を持っていれば、無理をしないでストレスなく、ラクに生きられるようになるのです。

そもそも、ポジティブに生きることとは、自分が明るく快活な、イケてるキャラクターだと自慢することでもなければ、自分のハートを無理矢理に燃えさせて、何かの世界で一位を取ることでもありません。

自分らしく楽しく生きるための、人生の万能ツール。それが「ポジティブ脳」なのです。

その頑張りはエネルギーのムダづかいかも…

そしてまた、**多くの人が誤解していることのひとつに、「ポジティブ思考には正解**

がある」と思ってしまっていることが挙げられます。

さらに「ポジティブ思考の習慣を持っている人が人格的に優れている」という考えも同様で、多くの人が「私はポジティブ思考ができないからダメなんだ」と自分を責めて、無理をしてしまっています。

無理しているということを本人もわかっていて、まわりの人もわかっている。でも止められない。苦しまぎれに「頑張ってるね～」と声をかけてはみるものの、その本当の意味は「無理してるね～」ということと同じ……。

こんな痛ましい状況は、なんとかして好転させたいものです。

今、世間では「サスティナブル」という言葉が流行しているようです。

石油に代わって電気を起こす「太陽光」や「風力」などが「サスティナブル・エネルギー」と呼ばれるように、「持続可能な」「マイナスのエネルギーを残さない」という意味を含めてつかわれていることが多いようです。

私はこの言葉を、これからの社会において重要視される、とても大切な価値観だと思います。ポジティブ思考もこれと同様に、持続可能でクリーンという、サスティナブルなものであるべきではないでしょうか。

実際のところ、無理をして頑張っている人は、頑張るほどにそのエネルギーを消耗させてしまうため、残念ながら、そのポジティブ思考を持続させることは不可能といえるでしょう。

今までネガティブだった人が急に元気にふるまってみても、「脳と心の基礎体力」がありませんからダウンするのは当然。まさに時期尚早というものです。「私、頑張っているんです！」と宣言してみたものの、半年ぐらい経つとまた元に戻ってしまう……。これではまさに、ポジティブ脳がエネルギー切れした「ポジティブの三日坊主」で、残念としかいいようがありません。

本当にポジティブな人とは、自然体の人

そもそも、本当の意味での「ポジティブ脳」の人とはどんな人なのでしょうか。ひとことでいえば、決して無理をしていない状態の人を指します。

たとえば、ものすごく複雑なコンピュータのプログラミングをひたすらやり続け、今までにない美しさの映像をつくり上げる人などがそうでしょう。

このような人は、他人から見ればものすごく複雑で面倒くさい作業をしているように見えるけれど、本人からすればそれが楽しくてしょうがない人です。

努力ではなく、呼吸しているのと同じくらい、自然にやっているだけ。たしかに呼吸するのに、努力はいりませんよね。

またその一方で、なんだか外見はダラ～ッとしてやる気がなさそうに見えるけれど、めざましい行動力を発揮して、大きな結果を残してみんなを驚かせている人もいます。それは、私の友人でＩＴ起業家の家入《いえいり》一真《かずま》さんという方です。

彼は29歳のとき、自分でつくった会社でジャスダック市場の最年少上場記録をつくったばかりでなく、２０１４年には東京都知事選に立候補し、街角やインターネットで、若者が本当に安心できる「居場所」をつくろうと呼びかけました。

まさに大きな結果と、すばらしい行動力です。けれども彼は、それをほめられたときには「はぁ、そうですね」と元気なさげ……。そんな人もいるんです。

ここでいいたいのは、「こういう人になりましょう」というおすすめではありません。**「ポジティブ脳」の発揮のさせ方には〝これぞ正解〟というものが存在しない、**ということです。

こんなふうに自然体の「ポジティブ脳」を持った人たちが、あちこちで活躍しているのが今という時代なのです。

では「正解」がない日常を、私たちはどうやって生きていけばいいのか。それをこれからお話ししていこうというわけです。

「好き」なことなら、人間は本当に頑張れるのか？

「今やっている仕事が、どれくらい好きですか？」

こんな問いには、さまざまな答えが返ってきそうですね。

たとえば、やっている仕事が相当つらい、地道な仕事ばかりで面白味がない、そもそもこの仕事が自分には向いていない……。

そんなふうに、大きなストレスを感じている人もいるかと思います。

おそらくその原因は、自分が好きではないことをやることで起こる、脳の拒否反応状態といえるでしょう。

けれども、だからといって、そこから逃げ出すことはできない、やらずに済ませることはできない。そんな状況は、誰にでもあります。

そんなときには、それをどう好きになればいいのか、自分の心の上手な整理の仕方、関心の向け方はどうすればいいのか、などがカギになってくるでしょう。

そのカギを解くのは、**やっていることの行為自体が「心の報酬」になるという考え方**です。

たとえば、長い期間ずっと働いていると、体力的にも精神的にもつらい状態が続いているかもしれません。しかも、その結果である「売上に貢献した」という会社の評価がそのまま、その人の「心の報酬」につながっているとは限りません。

あくまでも、「やっている行為自体が楽しい」ということがストレスを撃退する理想的な方法であり、それによりパフォーマンスも最大化されていくのです。

「自分」が正解になる世界を見つけよう

「こんなこと、やってみたいな」

「将来、こんなふうになりたいな」

こうした夢や目標を持っている人もいるでしょう。

けれども真面目で責任感の強い人ほど、そのあとですぐ、次のような気持ちが芽生えてくるでしょう。

「でも、社会のルールに合わせなくちゃいけない」

「自分のしたいことは常識からはみ出るから、やってはいけない」

けれどもじつをいうと、その判断の基準は、ひとつではありません。

「自分がこういうことをやってみたいな」と思ったとき、それが正解になるような基準が世の中にはたくさん存在します。

それは自分でつくれるものかもしれませんし、すでに誰かが持っているものかもしれません。

会社のエース社員として大きなプロジェクトを動かすのが「正解」という基準がある一方で、自宅の一室でインターネットをつかってこだわりの趣味のお店を開くのが「正解」という基準もあります。

一流商社マンと熱烈な恋愛結婚をしてニューヨーク支店長の妻となり、セレブライフを満喫する人生が「正解」という基準がある一方で、小さな漁村の漁師さんとお見合い結婚をして、夫婦で毎日楽しく漁の網を引く人生が「正解」という基準もあるのです。

重要なのは世間に自分を合わせるのではなく、自分が正解になるような世界を見つけるということです。ただし、そのときに正解が最初から決まっている、あるいは変わらずに固定されているものだと思う必要はまったくありません。

正解は、その場その場で探っていけばいいのです。

手がかりは「ほめられた経験」

重要なのは、自分の「好きなこと」を見つけるきっかけを逃さないこと。

でも、好きなことって、そんなに多くの人が見つけられているものではありませんよね。人によっては、好きなことを見つけるのはとても手間のかかる、しんどい作業かもしれません。

ですからここで、その簡単な方法をご提案したいと思います。それは**「人からほめられた言葉を意識すること」**です。

今までの人生で、まったくほめられた経験がないという人はいませんよね？

じつは、他人がさりげなくかけてくれた言葉の中に、好きなことと出会うきっかけがあったりするものなんです。

たとえば学生時代に友だちから「ノートの取り方がきれいだよね～」とほめられたこと、ありませんか？

自分にとっては当たり前、何の変哲もない作業なので、「それがどうしたの？」というくらいの気持ちだったかもしれません。あるいはその頃、もっと要領のいい人間になりたかったため「どうせ自分は几帳面すぎて、どんくさいヤツですよ」とイヤな気分になったかもしれません。

けれどもそこに、「好きなこと」に出会うきっかけがあるのです。

そもそも「好きなこと」とは、あらかじめ自分の中に存在しているものです。世界のどこかに隠されている「好きなもの」を探し回っても、きっと見つけることなどできないでしょう。

自分という大地を掘り起こしていくことで、それは見つけることができるのです。

広大な大地を掘り起こして「好きなもの」を見つけるための手がかり、それが「人からほめられた言葉」なのです。

ノートをきれいに取れるのは、あなたがほかの人よりも秀でているところ。とりあえず、そのことを忘れずにそれを究めていきましょう。すると、みんながそれを「長所」として頼ってくれます。うれしいのでもっと技を究めたくなります。

そこで究めた技は、単なるノートの取り方の枠を超えて、人によってはそれが「ウェブデザイン（インターネット画面のデザイン）」として発展し、一生の仕事になるかもしれません。

えてして長所とは、自分よりも周囲の人々のほうがよく把握できているものです。他人の指摘する「長所」は、それまであなたが「弱点」と感じていたところだったりすることもよくある話です。

ですからまずは素直に、「ほめられたこと」を思い出して、素直に受け入れられるような人になるというのが、「ポジティブ脳」にチェンジするきっかけをつかむための非常に大事なポイントだと思います。

ひとつの「好き」が一生を豊かにする！

芥川賞作家の開高健《かいこうたけし》の文章に、次のようなものがあります。

「一時間、幸せになりたかったら酒を飲みなさい。

三日間、幸せになりたかったら結婚しなさい。

永遠に、幸せになりたかったら釣りの仕方を学びなさい」

もともとは中国のことわざだそうです。開高さんは熱烈な釣りの愛好者としても知られた人でしたから、この「釣りを学びなさい」というのは、好きなこと（遊び）を究めなさいということのたとえだと解釈できます。

釣りというのは、それこそ仕掛けだとか、海釣り、川釣り、どういう魚種がいるのかなどというように、いくらでも底が深くて、一生かけても究められないわけです。

だからこそ、どんな小さなことでも好きなことがひとつあれば、それで一生遊べるぐらいの価値があるということです。

たとえ世間からは評価されなくても、「とにかく私はなぜかこれが気になる」、あるいは「なぜか好きで仕方がない」というものを見つけてください。

それを掘り下げていけば、一生分楽しいことがある。そういう視点を見つけることが重要だといえます。

たとえば仕事のみならず、文学や映画、音楽でも、あまり一般には知られていないマイナーなものをよく知っている人がいますが、そういう〝好き〟を究めた「オタクな人」は揺るがない自分というか、自分の中に確固たる基準があるため、他人に左右されず、ストレスなく生きているように感じます。

「趣味のために生きる」という姿勢も、立派な生き方だと私は思っています。

特に、今の時代というのは趣味をお金に変える、つまり仕事として成り立たせるチャンスもずいぶんと増えてきています。そう考えれば現代を、趣味が仕事になる時代ととらえることは可能です。

どんな趣味でも、それが仕事になる道は必ずある。どんな趣味、好きなことでも、マイナーなようなことでも、金額の大小を重要視しなければ、それなりに経済的な見返りを持てる時代だということです。

頑張るほど、消耗してしまう女性たち

最近、キャリアアップを目指す女性たちが男性に交じって頑張りすぎた結果、うつなどの精神疾患にかかってしまうという深刻な問題が起きているようです。

なぜ、このような問題が起きるかを考えたとき、そこに浮かび上がってくるのは「男性社会の基準」との闘いです。

キャリアが上がれば上がるほど、プレッシャーやストレスと向き合わなければいけない。仕事のシステムはいまだに男性中心に組み立てられていて、女性は比較的分が悪い。けれども、そこで負けるわけにはいかない……。

このような社会風潮の中で女性がキャリアを積んでいくためには、男性基準に合わせて、点数を重ねていかなければ昇進ができない、評価されないという状況があります。そうした男性基準に対して、特に真面目な女性ほど、過剰に適応してしまう……。

こうした「過剰適応」の問題は、とても重要なテーマだといえます。

たしかに、現代の女性たちは、たゆまぬ奮闘の結果として、男性と同等といえるキャリアと地位を確立したようにも思えます。

もちろんそれは素晴らしいことに違いありませんが、その一方で、その成功を成し遂げた女性たちの中には、脳にかなりの無理がかかってしまっている人がいます。けれどもその事実に意識を向けることがないため、結局のところ精神を消耗させてしまうのです。

そもそも、女性は感情がとても豊かです。笑ったり喜んだり、泣いたり怒ったり、ときには感情を爆発させたりといった行為は、感情を表に出すことでストレスを上手に発散できる、女性特有の長所といえます。

こうした性質から、これまで女性はストレスと上手くつき合えるといわれてきましたが、実際の事情はそれほど単純ではなさそうです。感情をぶつけることができる相手がいなかったり、ひとりで抱え込む性格だったりした場合、ストレスに耐えきれずに、やがて精神疾患を引き起こしてしまう場合などもあるのです。

では、このようにストレス過剰な〝いっぱいいっぱい〟の状態のとき、いったいどのように感情のコントロールをすればいいのでしょうか。

「失敗してもOK」

そういうときには思いきって、「失敗してもOK」と自分にいってあげる――。

これが脳科学者としての、私の意見です。

じつは、この「失敗」という定義づけにこそ、「ポジティブ脳」の面白さが隠されています。なぜなら、脳科学の知見をもとに申し上げれば、失敗はまったくマイナスなどではなく、逆に、失敗こそが成功につながることが多いからです。

そもそも失敗とは、ある基準からはみ出しているという、単なる事実です。ある基準での失敗は、ある別の基準から見れば成功になることがある。

このように聞くと、とてもリラックスした気分になりませんか？

たとえば、ビル・ゲイツ、スティーブ・ジョブズ……。成功したIT起業家たちの中には、大学を中退している人がたくさんいます。

今でこそ世界的な成功者として尊敬を集めていますが、見方を変えれば、学業、学歴という基準においては「失敗」という考え方もできます。

文学者においても、村上春樹さんが一流純文学作家の登竜門である芥川賞を取っていないことがたびたび議論されます。これも私は、芥川賞とは日本の純文学のひとつの基準に対応して設立されており、その「純文学の基準」において村上さんの作品は「対象外＝失敗」だったにすぎない、と考えています。

けれどもこれを世界の人が見たとき、その基準を満たしていない、むしろはみ出しているところにこそ、村上さんの作品の魅力があるのだと思います。

このように、ある世界での失敗が、ある世界での成功につながっていることは、よくある話です。

そもそも「男性社会の基準」なんて、ひとつのものさしでしかありません。もし、キャリア志向の女性が精神的に消耗して倒れてしまったとしても、それを「失敗」ととらえる必要はありません。ほかの分野に視点を移し、「成功」をつかむ行動を起こせばいいのです。

この発想の転換を、軽やかにできてしまう人こそが、これからの時代を自分らしく楽しく生きる「ポジティブ脳」を備えた人といえるのです。

「脳内ワークライフバランス」を見直してみる

「そうはいっても、ここまで頑張ったんだから、今の仕事をやり抜きたい！」

前項をお読みになって、このように思った方も多いかもしれませんね。

たしかに読者のみなさんの中には、男性女性を問わず、会社でキャリアアップを目指す方、出世レースで結果を出したいと意欲を燃やしている方も、たくさんいらっしゃることと思います。

そうした方がストレスで消耗してしまったときは、前項のようにほかの分野に活路を求めるよりも、「やっぱり、今の会社でストレスと折り合いをつけながら、頑張るしかない」と考えることも多いでしょう。

その際に注意してほしいことがあります。

それは、**競争に身をさらしている人ほど「自分の中」に基準を持つことが必要だということです。**

現状でストレスを感じているという人は、ある意味では自分の中に基準が持てていない人ともいいかえることができるのです。

特に、真面目で優等生の人ほど「自分の外」に基準がある場合が多いでしょう。学生のときには「勉強の成績」で自分が誰なのかを認識し、会社に入れば今度は「人事評価や肩書き」といった基準で自分を認識できました。

けれどもそうして「自分の外」の基準で自分を認識する経験をたくさん重ねるうちに、「自分の中」の基準、つまり「自分はどう思うのか、どうしたいのか」で行動を決めることができなくなってしまいます。

人生が順調に進んでいるうちはそれで問題ないのですが、少しでも停滞すると、外の基準と合わない自分に大きなストレスを抱え込むことになるのです。

そんなときにストレスに立ち向かうには、やはり「自分の中」に価値観の基準をしっかり設けることが重要なのです。

要するに、ひとつの組織の中で出世しようと頑張ることは、脳のエネルギーの振り分け方が、一極集中となりすぎるのです。もしもその方向で行き詰まってしまった場合、一気にストレスが溜まって体や心が壊れてしまうこともあるでしょう。私はそれがとても心配です。

「ガス抜き」を忘れない

もちろん、仕事でも一極集中で頑張らなければいけない時期は必ずあります。ただ、そこで憂うつになったり、体力的にも消耗したりしてストレスが溜まったときに、きちんと「ガス抜き」することも忘れてほしくないのです。

人それぞれの価値観はさまざまですし、仕事とプライベートのつかい分け、つまり「脳内ワークライフバランス」も人それぞれです。

もともと私は「良い」も「悪い」もない〝フラット〟な脳のつかい方をしていますから、人間に対しても優劣をもとにした評価基準を持っていません。

ですから、それほど出世欲もなく、週末になると自分の時間を大切にしたり、家族や友人とキャンプに行ったりする男性を大変魅力的に感じます。

出世だけが人生のすべてではない、そういう男性がいてもいい……。

私だけでなく、今の世の中の価値観も、だんだんとこの方向にシフトしてきているように感じています。

これは女性でも同じです。会社で出世を目指して全力で努力するのもいいでしょうし、会社での地位はそこそこでも、趣味やボランティアといったプライベートの活動を充実させる女性も、トータルで見て幸せであれば、どちらも「ポジティブ脳」の持ち主であることは間違いありません。

重要なことは、「自分の中」に基準を持って、楽しく毎日を過ごせるかどうかです。

出世にシフトすることで、そのために自分がつかった時間や労力をトータルで見たとき、本当に成功なのか、失敗なのか。週末にカラーアレンジメントの勉強をしていたら、そっちの方が将来的なビジネスにつながっていった……。ひょっとしたら、そんな可能性もないとはいえません。

ですから、週末のつかい方も、いろいろと工夫してみてはどうでしょう。脳を緊張から解放し、リラックスさせてあげる意味からも、さまざまなことをする時間をつくってあげてほしいのです。

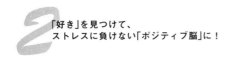

仕事の下準備だけでなく、英語の勉強や、アウトドアで家族と過ごしたり、カラーアレンジメントなどの趣味を通じて「いつもと違う人間関係」を構築したり、楽しいことにつながっていく可能性は無限に広がります。

こうしたリラックスの工夫もまた、日ごろのパフォーマンスをキープする方法のひとつなのです。

大切なのは、そこに多様な「自分基準」があふれているかどうかです。それが、「ポジティブ脳」につながるのです。

組織へのストレスを「相対化」する

みなさんが日頃の生活で、最もストレスを感じるのは一体どんなときでしょうか？ 私が観察している限りにおいて、最もストレスを感じるのは人間関係ではないかと思います。特に、会社や学校などといった組織文化がストレスのもとになっている場合が多いように感じます。

もちろん、組織文化は必要です。サークルの集まりや異業種交流会、もっといえば近所の「ママ友」だって、いわば組織文化だと考えられます。こうして私たちの生活とは切っても切り離せないのが組織というものです。

このような組織文化をよく観察してみると、面白いことがわかります。同じ組織も、その時期その時期で微妙に形が変わっていくのです。

たとえば会社という組織でいえば、トップに立つ人が変わるだけで一気に組織の人間関係が変化することなどがその代表例です。

「売上アップ」という目標は同じなのに、トップのマネジメントのやり方が変わっただけで、仕事の優先順位も変わり、重用される人物も変わって……。そんな状況に柔軟に対応し、工夫しながら働いていく。これが会社組織に属するビジネスパーソンの宿命ではないでしょうか。

そうして自分の属する組織文化に適合して働いているうち、それが無意識にストレスとして溜まっていくことに気がつかない人がとても多い気がします。すると、いつの間にかコップの水があふれるようにストレスが増大し、ある日、目に見える形で症状として出てくることもあるのです。

ここで重要なのは、ある程度は企業の価値観に合わせて働かなければいけないとしても、それをときどき「相対化する」という作業です。

会社の数だけ「普通」がある

相対化とは、「普通」を疑ってみる行為ともいいかえられるでしょう。

たとえば会社組織に属する人の常として、自分が置かれている組織の「普通」を世間一般の常識と勘違いしてしまうことがあります。

たとえば、お昼ご飯はチームのメンバー全員で一緒に食べにいくのが「普通」、定時で退社せず、最低でも一時間の残業をすることが「普通」――。

他の組織から見ればどちらでもいいことが、ある組織においては「普通」のこと、守らなければいけない世間一般の常識とカン違いしてしまいがちなのです。

実際のところ、組織に属している以上、そのようなストレス要因を完全になくすことはできないでしょう。組織が発生すればそこに個性が生まれるのは当然ですから、ある程度は合わせなければならないこともあります。

ただ、こうした組織の「普通」に自分を無理矢理に適合させていると、気づかないうちにストレスは体内に溜まっていきます。それをどうにかして、デトックスして体外に排出していく。これが組織に暮らす人間の生きる知恵といえるのではないでしょうか。

どこに自分のストレスの原因があるのかをはっきりと認識する。しかもそれが絶対的に唯一の解、世間一般の常識ではないということに気づくだけで、ストレスに対する向き合い方もまったく違う展開が生まれるはずです。

「ささいな違い」を知ることに意味がある

私自身、これまでさまざまな組織に属してきました。

まずは東京大学、そしてその大学院。東大というのは、やはりなんといってもおカタい組織です。私はこの東大という組織に都合十一年間いたわけですが、当時は「普通」と思っていた多くのことが、今となっては「普通」ではなかったと感じます。

また、そのあとは理化学研究所、それからイギリスのケンブリッジ大学、そして現在のソニーの研究所へと至るわけですが、すべての組織文化がまったく違っていました。それこそ、書類の出し方ひとつから、まったく違うのです。

もしもみなさんが組織に目に見えないストレスを感じているときは、ぜひ、まったく違う組織に属する知り合いと話をしてみてください。そして、それぞれの組織の「ささいな違い」を確認してみてほしいのです。

それだけで、ストレスは軽減するでしょう。ほかのやり方もあるんだと気づくだけで、ものの見え方が変わってくるのです。

もともと、脳は「まったく別のこと」をすることでリラックスします。

違う世界の人と知り合いになり、自分の環境を相対化することで、ちょっとした発想の転換が生まれやすくなります。

自分の組織の価値観をいったん脇に置いて、外側から客観的に眺めてみる。まさにこれが組織の「メタ認知」、つまり物事を相対化するということなのです。

茂木流ストレス解消法①

九〇度の方向に「キュー出し」する

さて、ではここで私が日頃から実践している「ストレス解消法」をいくつかご紹介したいと思います。

まずは、なんといっても定期的な運動です。

特に、走ることはストレス解消にもなりますし、新陳代謝が活発化することで、脳の老廃物の分解をうながす効果が期待できます。

それによって、脳の中のストレス起因物質を含めた物質の分解もうながされます。また、「アミロイドβ」という認知症の原因物質が分解され、実際に週三回以上運動している人と、していない人では、認知症の発症のリスクが統計的に違うとまでいわれているのです。

もちろん、走るとまではいかなくても、ウォーキングでも同様の効果を得てストレス解消を期待できるでしょう。ここで何より重要なのは、ストレスをリセットすると認識して、とにかくその具体的なきっかけをつくることが重要だということです。

そのときにぜひ意識していただきたいのが、〝九〇度違う方向〟に行くための「キュー出し」ができるかどうかです。

一八〇度違う〝逆方向〟に向かうことは、結局は同じ軌道上ということになり、脳の気分転換にはあまり適していません。それよりも、九〇度、つまり直角に曲がって「別方向」へと向かったほうが、いい気分転換になるのです。

これは何も、ランニングやウォーキングのコースを直角に曲がることをおすすめしているのではありません。

つまり、ストレスを発散させたいときには、いつもの延長線上にあることではなく「まったく違うこと」をやるといい、ということなのです。

これは脳の機能障害をお持ちの方や認知症の方などに顕著な症状なのですが、意外なことに人間は、気分転換のために休憩を取ることが苦手です。

何かを始めるというときに、キュー出し、つまりスタートの合図があればきちんと休憩タイムが取れるのですが、自分ではキュー出しができない人が多い、という研究があるのです。（これから将来、人工知能の応用で上手にキュー出しをしてくれるコ

90度の方向に「キュー出し」してみる

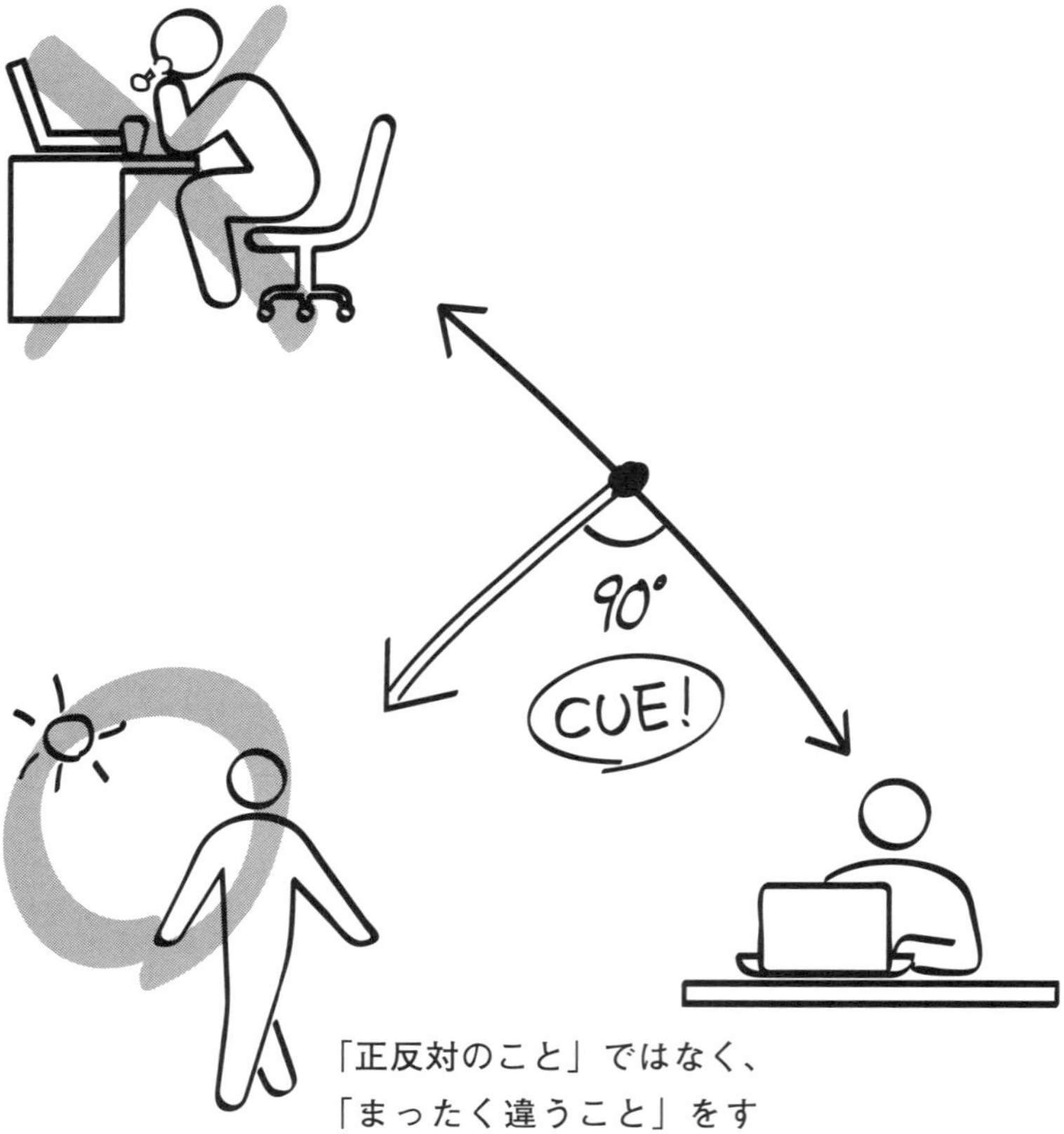

「正反対のこと」ではなく、
「まったく違うこと」をす
ると、脳はリラックスする。

ーチングサービスが出てくるかもしれませんね）

たとえばみなさんが、パソコンをつかってデスクワークをしていて「ちょっと疲れが溜まってきたな」と感じたとしましょう。

そのときにリラックスといって、今までと真逆の状態、つまり画面の前でボーっと好きな映像を見ているのでは、まったく軌道が変わっていない状態です。

それよりも、「疲れたな」と思ったら、いったん席を離れてみましょう。近くのコンビニにスイーツを買いにいくのでもいいし、会社の周辺を「プチさんぽ」して帰ってくるだけでもいい。

とにかく今までやっていたことと「まったく違うこと」をやることで、脳が気分転換できて、ストレス解消になるというわけです。

「サイコロ休憩」のすすめ

「そもそも休むこと自体が苦手なんだ。オフィスを出るなんてとても無理！」

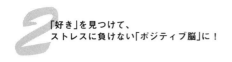

「まわりのメンバーの目が気になる。仕事中にそんなことできない！」

そんな事情の方もいるかもしれませんね。こんなふうに思われたとき、ぜひ利用してみていただきたいのが「サイコロ休憩」というものです。これは〝偶発性〟に注目して、自分のやることを決めてみるというゲーム感覚の休憩術です。

責任感がとても強く、休むことに罪悪感を持ってしまいがちな人は、偶発性という「天のカミサマ」に休む指令を出してもらえばいいのです。

たとえば、仕事のTo Doリストに1から6まで順番をつけて、その中の2つくらいに、自分に合ったストレス解消法をまぎれ込ませておきます。サイコロを振って「その目が出たら、サイコロの指令通りに○○をやる」と決めておくと、意外とスムーズに休憩の「キュー出し」ができるものです。

「あの人は仕事のできる人だね」といわれる人ほど遊び上手なのが世の常で、こうした小さな創意工夫を重ねながら仕事を進めていくことで、「ポジティブ脳」になれるのです。

茂木流ストレス解消法②

「脳内コスプレ」で違う自分になってみる

「理想の上司とは、こうあるべき」

「理想の母親とは、こうあるべき」

そんなふうに、「社会の正解」に自分を当てはめようと無理をして、それがストレスの原因になることがよくあります。

もちろん、上司として、母親としてやるべきことはやらなければなりません。

けれども、**「一般的」や「常識的」といった言葉にとらわれ過ぎず、少しくらいはみ出していいと思えると、ストレスから解放されて、毎日の生活がラクなものへと変わっていきます。**

とはいうものの、今の社会において、自分の「ありのまま」で生きることはとても難しいものです。

みんなとワイワイやるのが苦手だからといって、集団のすべてのメンバーと没交渉で過ごすことは中々できません。また、時間通りに行動することが苦手だからといって、すべてを自分の都合で押し通すことも難しいでしょう。

大切なことは、ただ「ありのままの天真爛漫な自分」でいるということではなく、ちゃんと自分を受け入れていく中で、それを社会化していく。つまり、自分と社会との折り合いをつけて生きていくということです。

自分に合った「人づき合いのスタイル」を見つけ、自分がストレスなく社会と結び付けられる居場所を見つけられれば、毎日を自分らしく、楽しく生きることができるのではないかと思います。

そこでもし、あなたが自分の人間関係にストレスを感じているのであれば、試してみてほしいことがあります。

それが「脳内コスプレ」です。

コスプレとはもともと、アニメファンのみなさんが始めた活動で、マンガやアニメの登場人物にそっくりなコスチューム（衣装）やメイクで「なりきり」を楽しむこと。その人気は世界中でブームを巻き起こし、世界各地でコスプレ集会が開かれるほどの盛況ぶりです。それほどまでに「なりきり」は、人間の脳に快感を引き起こすアクションだということもできるでしょう。

じつをいうと、これは「ごっこ遊び」、英語では「pretend play」と呼ばれ、脳の前頭葉の働きからいっても非常に高度な作業なのです。

これを、プロとして仕事でやっているのが役者さんです。特に優れた役者さんというのは、まったく違うキャラクターを演じ分けられるといいます。それこそ二枚目もやれるし、三枚目もやれる。善人も悪人も演じることができる。

ある役者さんに聞いたところによると、極悪非道の悪人の役をやるのはイヤなことなどではなく、ある種の快感が得られるのだそうです。普段の自分とはまったく別の人格、その最たるものになりきることが、脳に快感をもたらすのですね。

みなさんも衣装はともかく、脳内だけで、このコスプレをやってみませんか？

たとえば会社では、就業時間に限って本当の自分は脇に置いておき、脳内でコスプレをするように「違う自分」になりきってみてください。

実際、このような「ごっこ遊び」は、それほど大変で面倒くさいことではありません。その場その場で自分を切り替えると、ストレスがなくなるのはもちろんですが、

「脳内コスプレ」で“違う自分”を演じてみる

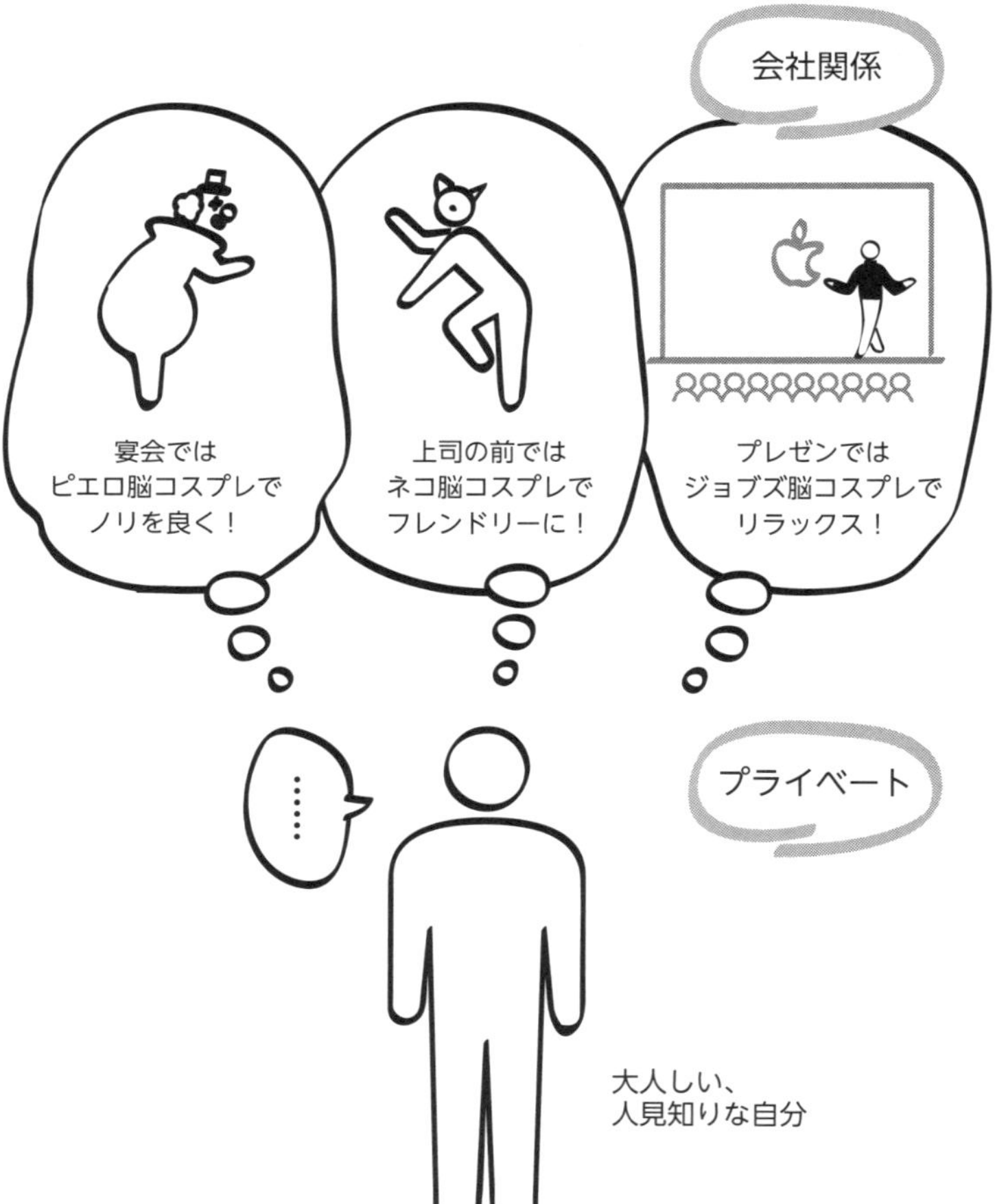

活動の幅が大きく広がっていくと思います。

私の場合でも、テレビのバラエティ番組に出ているとき、大学で教えているとき、講演会をやっているとき、あるいは自分の研究室で研究をしているときで、まったく違う「脳内コスプレ」をして楽しんでいます。

自分のキャラクターを「ひとつの人格でなければいけない」と考えてしまうからこそ、余計なストレスが発生してくるのです。

フィクションの自分をつくりあげ、自分で自分をだましてしまう。こうした工夫で、非常に気が楽になり、ストレスが減っていくのがわかるはずです。

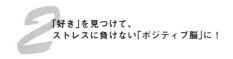

茂木流ストレス解消法③

「脳内交響曲」でポジティブなリズムに乗る

　さてここでもうひとつ、ストレスがグンと減るリラックス法をご紹介します。

　そもそも人間の集中力というのは、一日中続くようなものではありません。そこで、一日の仕事の流れに対して、まるでクラシック音楽を奏でるような脳内イメージを持ってみていただきたいのです。

　私は自分でこれを「脳内交響曲」と呼んでいます。

　一日のはじめに、一篇の交響曲のように、当日の仕事の流れを「リズム」として脳内にイメージしてみるのです。

　「ルーティンワーク（決まり仕事）」ではゆっくりしたメロディ、「気の張る仕事」では強いインパクトを残すメロディというように、あらかじめ頭の中にメロディを流しながら、脳に集中力を発揮させる時間と場所をプログラムします。すると、実際に作業を開始してからも、そのリズムが再現されるというわけです。

じつは、こうして「リズムの達人」になってしまうと、究極的にはウィークデーも週末も関係なく、自分のリズムを組み立てることができるようになります。

仕事の日には仕事の日のリズムを組み立て、休みの日には休みの日のリズムを組み立てる。それが自由自在にできるようになると、仕事もプライベートも思った通りに回りだします。そしてそれが自信となって、だんだんとすべての行動がポジティブな方向に変わっていくのです。

このような時間のプランニングをどれぐらいできるかが、「ポジティブ脳」と、「ネガティブ脳」の分かれ目なのです。

最初はスロー、そしてエンディングはドラマチックに

この本の前作である『結果を出せる人になる！「すぐやる脳」のつくり方』では、「脳内 To Do リストを上手につくる」というテクニックをご紹介しました。

これは、脳内に柔軟な「やることリスト」をつくって、「やるべき仕事」を臨機応

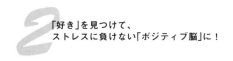

変に、瞬間的にふり分けるというもので、とても好評をいただきました。

本項でご紹介した脳内交響曲はまさにその「バージョンアップ版」で、「脳内To Doリストを、リズムの流れで組み立てるテクニック」といいかえられます。

最初からトップスピードで集中するタイプの人であれば、ベートーヴェンの「運命」のように、冒頭から「ジャジャジャジャーン」と始めつつ、途中であえてテンポダウンしてみる。また反対に、スロースターターが自分に合っている人であれば、もっとおとなしい交響曲で、徐々に盛り上げていっても構わないのです。

ここで大切なのは、エンディングをドラマチックにすることです。一日の作業の終わりに、指揮者がタクトをピタッと止める「キメどころ」を強く意識しておくことで、そこまでの作業に心地よい緊張感が生まれます。

そうすると、その後の活動にもメリハリがつき、楽しめます。たとえば、アフターファイブで仲間と楽しい飲み会があるならば、そこまでの集中力も高まりますし、仕事も前倒しで進み、そのあとのお酒もおいしい。こんな組み立てができると最高ですよね？


このように前倒しでものごとを進めるというのは、ストレスを解消する特効薬とし

１日のはじめに「脳内交響曲」をイメージ

１日の仕事全体をイメージするコツは、その日のエンディングをピタッとキメる「締めの仕事」を考えておくこと。

ても有効ですし、非常にいい生活習慣だと思います。

たとえ締切りが迫っていても、早めにその仕事を終わらせることができれば、その分自由な時間が確保できる。ひいてはそこからまたいろいろなことで楽しめる、というポジティブ・スパイラルが回り出します。

そうしたことが積み重なっていくと、だんだん人生のリズムもポジティブに変換されていくのです。

結果を出す人は「快楽主義者」

さて、ここでひとつ、ケーススタディを行ってみましょう。

たとえば、あまり好きではないルーティンワークと、大好きなクリエイティブワークがあったとします。あなたなら、どちらを先に片付けますか？

私なら、雑用を中心としたルーティンワークをなるべく前倒しでやってから、大好きなクリエイティブワーク（頭をつかうとっておきの仕事）にかかります。

なぜなら、大好きなクリエイティブワークをやっているときに、好きではないルーティンワークのことが気になると、楽しくないからです。

そんなことより、さっさとルーティンを終えてしまう。そしてそのあとのクリエイティブな時間の余裕をつくる。そして、その仕事に淡々と取りかかる――。こういう発想になると、非常にいい流れで仕事ができるのです。

このようなやり方をすると、結果としてルーティン、クリエイティブ、どちらの仕事もうまくいくことが多いようです。

好きではない雑用をさっさとこなす。そして、最も大切なことに集中するための時間をしっかりとつくる。これは日々の仕事ばかりではなく、人生においても大切な創意工夫だと思います。

そうやって「他人に課せられた仕事」でなく「自分に課した仕事」にエネルギーを注ぐことにより、自分が人生の脇役でなく、主人公になることができるのです。

どんな仕事でも、結果を出す人は「快楽主義者」と呼ぶことができるのではないでしょうか。余裕で終わらせたときの、あの爽快感は、まさにストレスのない最高の境地なのです。

3

弱点を長所に！
「発想の転換」で脳を味方につけよう

Positive

あなたの弱点は、一瞬で長所に変わる！

さて、私がよく講演会でお話しするネタをここでご紹介しましょう。

「いやあ、僕、小栗旬《おぐりしゅん》さんとか速水《はやみ》もこみちさんと同じテレビ画面に映るのが嫌なんですよね。同じ地球上の生き物とは思えないぐらい、体型が違うから」

こんなことをいうと、会場は大爆笑に包まれます。

ここでのポイントは、かっこいい体型は素敵だけれども、私自身は小栗旬さんや速水もこみちさんみたいな体型になりたいと思っているわけではない、ということです。**なぜなら、私たち人間の長所と弱点は表裏一体。長所は弱点に変身し、またその逆のパターンもたくさん存在するからです。**

自分が嫌だと思っているものが、じつは自分の「売り」になったり、自分が弱点だと気にしていたものが、ときに武器になることはよくあります。

たとえば、人々の印象に強烈に残っている人とはどんな人かと考えてみると、弱点と長所がとても素直に、あからさまに出ている人ではないでしょうか。

ひとり例を挙げるならば、落語家の立川談志《たてかわだんし》師匠です。

談志師匠は若い頃から強烈な個性を持った天才落語家として評判を集め、異例の出世をしながらも、その落語観の違いから落語協会と袂《たもと》を分かち、独自の「立川流」を創設した反骨の人です。政治にも深い関心を示し、参議院に立候補して当選、沖縄開発庁政務次官に就任しました。

自分をさらけ出し過ぎて、あるときなどは記者会見に泥酔状態で出席してしまいました。そして談志師匠がその責任を取って辞職をしたとき、人々が「談志だからしょうがねえや」と納得したエピソードは有名です。

ここでいう談志師匠のすごさとは、自分のさらけ出し方がうまく、長所にまで持っていってしまったということです。

しかも、**さらけ出した自分を社会にちゃんとつなげるうまいやり方を、一生かけて見つけていったということです。**

間違っているなら、なあなあで済ませずに、いいたいことはきちんという。自分をさらけ出して迷惑をかけたなら、きちんと責任を取る。そしてその分、自分の得意分野で人一倍、突出する――。

筋が通った人間性や、落語家としての才能と努力。談志師匠は弱点があるからこそ、そうした長所が際立っていたということではないでしょうか。人間というのは、そうした長所と弱点のコントラストに、大きな魅力を感じるものです。

もしもここで「談志さんだから特別なんだ」「そんな際立った例を出されたって、どうにもならない」と思っている人がいるとしたら、それはちょっと違います。

それぞれの人が長所や弱点をきちんと受け入れさえすれば、ストレスも劣等感もない「自分の人生」を生きられるということ。これは特別なことではない、少しの工夫で誰にでもできることなのだといいたいのです。

長所も弱点も、あなたの「オリジナリティ」

新しい環境に身を置いたときって、知らない人ばかりで話題も見つからないし、不安だし、心細いしで、本当にストレスばかりですよね？

そんな局面でも、対人関係をうまく構築する「自分なりの得意技」を持っていることで、比較的ストレスを感じずに済むものなんです。

では、自分なりの「得意技」とは、いったいどんなものでしょうか。一例をご紹介しましょう。

私が学生時代に外国へ行ったときの話です。そこに、ほとんど英語が話せない日本人がいました。

でもその彼は、マッサージだけはものすごく上手でした。それで外国人の女の子を中心に「マッサージしてあげるよ」といっては仲良くなり、すっかりみんなの人気者になってしまったのです。

このケースで大切なことは、彼が自分の得意技で楽しみながらコミュニケーションを取ったということです。べつにマッサージでなくても、手先の器用な人であれば、折り紙を折ってあげたり、ちょっとした手品をしてみたりなんていうのでもいいでしょう。

いってみれば人の個性の数だけ、さまざまな「得意技」があるわけで、総じていえば「自分を知ってもらう技術」で勝負、ということになるでしょう。

重要なのは、「等身大の自分」「そのままの自分」を見せるということです。

「自分をよく見せよう」などとカッコつけなくていいのです。それはかなりの高等技術ですし、見せ方を間違えると大きな反感を買ってしまいかねません。

まずはそれよりも自然体で、むしろ少しくらい「おバカ」な一面を見せるくらいでちょうどいいと思います。なぜなら、人が警戒心を解くときとは、「あ、この人ってこんなに親しみやすい一面があるんだ」と感じたときなのです。

たとえば自己紹介なども、「いかつい外見に見えるかもしれませんが、趣味は少女マンガです」などと、見た目の印象と中身のギャップを利用すると効果的です。

これって、今まで人間関係を「完璧主義」で通してきた方には、結構ハードルが高いミッションかもしれませんね。けれども、そもそも脳は自分に危害を加えない対象にはさほど強い印象を持たないようにできていますから、本当のおバカに見られたらどうしよう……と、必要以上に気にしなくても大丈夫だと思います。

自分ならではの「強み」は何か

そもそも、人が警戒するのは、対象について情報がない状態にあるときです。**自分はこんな人間です、こんなところがほかの人と違います、と表明することで、とりあえず人は安心してくれるものです。**

ですからその手始めとして、自分の得意なことや好きなことといったストロングポイント、つまり「強み」の表明から始めることが有効なのです。

これが何を意味するかといえば、これからの時代に我々が求められる「オリジナリティ」という問題につながっていくのです。

今では世界中のほとんどすべての地域がインターネットでつながっていて、どんな情報でもあっという間に伝わってしまうような時代です。そこでは玉石混交《ぎょくせきこんこう》の情報が入り乱れていますが、単なる「普通の情報」は見向きもされません。

企業でも個人でも、人にプラスの関心を与えるためには、オリジナリティ、つまり、どこがほかと違うのか、どこがほかより強いのかという情報でアピールする必要があります。

そこで考えてみると、このところ急成長し、世界中で評価されている人や会社などは、ほぼ例外なくオリジナルな「強み」を持っているように思います。

アップルやグーグル、フェイスブックにしても、オリジナリティあふれるものこそが評価され、社会の中で繁栄しているのです。

そう考えれば、私たち人間もまた、オリジナリティを大事にして生きていかなければなりません。そして、このオリジナリティさえしっかり持って生きていくことができたら、対人関係はお互いにスムーズに運びます。仕事においても、日常生活においても、比較的ストレスなく生きていけることでしょう。

「自分を捨てる勇気」を持とう

この「オリジナリティ」がストレスなく生きるための助けとなることには、もうひとつ理由があります。

それは、**オリジナリティという価値観は、点数による相対的な「勝ち負け」とは無縁である**ということです。これは、オリジナリティの本質を理解するうえでとても重要なことです。

「何が正解なのか？」

「何が百点満点なのか？」

これらの「正解」「点数」という考え方は、他者との比較から生まれた概念です。いわゆる優等生思考であり、他人と自分を比べながら、自分もそういうふうにならなくてはいけないというプレッシャーを感じてしまうことが、そもそも大きなストレスの原因となってしまうわけです。

オリジナリティとは、不要なものを捨て去ったあとに残る「自分の核」と考えてよいと思います。「どんな学校を出たか」「どんな会社に勤めているか」「どんな場所に住んでいるか」など、人と比べて価値が生まれる要素をどんどんカットして、最後に残る、はだかの自分そのものです。

つまり、**最も捨てなければいけないものとは「優等生になろうとしている自分」なのです。**

荒削りな原酒のような、そのままの自分をさらけ出してしまう。そうすると、あなたはまず「わかりやすい人」になります。長所も、弱点も一目瞭然です。そうするとあなたの魅力がいち早くわかってもらえます。案外、あなたが弱点だと思っていたところを認めてくれる人が出てくるのが、面白いところです。

私は普段からツイッターでさまざまな情報を発信していますが、そのフォロワー数は九〇万人を超えています。

「茂木さんのツイートを読むと元気になる！」などと評価をいただくことも多いのですが、**私は自分が評価をいただく理由を、「捨てている」からだと思っています。**

学者はこうあるべきだ、こんな活動は恥ずかしい、こんなおバカはやるべきではない……。そんな「他者との比較」から生まれた価値観はさっぱりと捨てて、等身大の自分そのままで生きている姿に共感をいただいているように感じるのです。

楽しいと思ったこと、怒りを感じたことなどを、ツイッターで包み隠さず発言する。それはまさに、長所と弱点が丸わかりの行為です。

そうすると、たくさんの人たちが私の主張に共感してくれるその反面、「いかがなものか」と思う人もたくさんいます。けれども、それこそが「オリジナリティ」なのだと思っています。

私が魅力的だなと思う人の多くも、「捨てている」人たちです。

もちろん、そのオリジナリティが社会で受け入れられるには、アピールの仕方に、さまざまな工夫が必要になってきます。

でも、とにかく「そのままの自分でいいんだ」ということを理解するだけでも、ストレスに負けない、自分らしい人生をつくり出すヒントになると思います。

「そのままの自分」でいることの大切さ

『パーシー・ジャクソンとオリンポスの神々』(ほるぷ出版)という、リック・リオーダンの人気小説シリーズをご存知でしょうか。

この小説シリーズは、ニューヨークタイムズ児童書部門で二百週以上の連続ベストセラーになっていて、映画化もされています。

私はその世界感が面白くて、ずっとハマっています。

ここで簡単なあらすじを紹介すると、主人公のパーシー・ジャクソンは転校するたびに退学処分になってしまう問題児で、人間とオリンポスの神のハーフという設定で、誘拐された母親とまだ見ぬ父親を探して旅をする新感覚のミステリー・ファンタジー小説です。

そのパーシー・ジャンクソンは「ディスレクシア(難読症)」、つまりは文章が読みにくい性質を持った子どもです。そしてさらに、「ADHD(注意欠陥・多動性障害)」、これは私自身もその兆候があるのですが、注意力を維持しにくい、時間感覚がずれているなどの性質を持っています。

そんなパーシー・ジャクソンは、古代ギリシャの神の血を引いていることから、現代の英語は読めないのに古代ギリシャの言葉は読めるというのです。

さらにＡＤＨＤにより、落ち着きがなくて注意力も散漫なのですが、だからこそモンスターとの戦いでは機敏に行動できます。

つまり、教室では問題児なのですが、誰もが読めるわけではないギリシャ語を読めたり、モンスターとの戦いのときには個性を発揮して活躍する。

弱点を長所に――。これぞまさに、ポジティブ思考による重要な発想の転換だといえます。

ベストセラーとなったこの小説、じつはちょっとした裏話があります。

この小説の作者であるリック・リオーダンの息子さんが、実際にディスレクシアとＡＤＨＤを抱えていて、学校でやはり大変な思いをされたそうです。

そこで、リオーダンは自分の息子を慰めるために、古代ギリシャの神話を話して聞かせたそうなのですが、すべてのギリシャ神話を聞かせ終わってしまったので、続きを創作して聞かせたそうです。するとあまりの面白さに「本にしたら?」と息子にすすめられ、書いた小説がベストセラーになったというわけです。

「個性」は受け入れて、上手に生かしていけばいい

では、なぜこのような小説がベストセラーになったかといえば、その物語の面白さもありますが、やはり難読症やADHDという個性を抱え、生きにくさを感じているアメリカ人の子どもがたくさんいるからではないでしょうか。

しかし難読症やADHDに限らず、私たち誰もに、世間一般の基準やものさしでは計れない個性があるということに気づくべきなのです。

日本では、難読症やADHD、あるいはうつ病などは、ネガティブなイメージを持たれがちです。けれどもそれを個性ととらえ、その個性を生かしていく方法を考えることが、「ポジティブ脳」に変わるための心構えだといえます。

これは、とても大切なポイントだと思います。

無理をする必要もなく、普通の子のふりをする必要もない。「そのままの自分でいい」というのが本当の意味でのポジティブ思考だということ。

これが「ポジティブ脳」をつくるうえでの重要なポイントなのです。

私自身、かつては周囲との価値観の差を感じながらも、「やっぱり普通に生きなければ」と自分を周囲に合わせようとしていた時期がありました。そのときは、やはり生きていることが窮屈で、苦しかった記憶があります。

それでも今、私がストレスもなく自由に生きていけるのは、「あ、別にもう普通のふりなんかする必要ないや」と思っているからです。

それこそ大学時代は服ひとつとっても、周囲を気にし過ぎていたときがあり、つらい時期がありました。でも今、普段の生活では「そのままの自分でいい」という考えを持って、誰に何をいわれようと自分の好きな服を着ています。

アインシュタインの脳は、普通の人より小さかった!?

アインシュタインの脳は、どうも普通の人よりも小さかったらしいという話が伝わっています。それが本当ならば、彼はなぜ、あれほどの目覚ましい成果を生み出すことができたのでしょうか?

彼の脳が普通の人よりも小さかったということは、そもそもマイナスなことだったのでしょうか。

人間の脳はほかの動物に比べて、おでこの後ろに位置する前頭前野が大きく発達しています。ここは記憶や学習などをつかさどる部位であり、その働きによってモノを考えたり、判断したり、ときには創造性や感情などもコントロールします。そのために、その部位が大きく働きが活発である人類が成長を遂げられたともいえるのです。

ただし、脳の大きさ自体がその人の「頭の良さ」や「能力」と直接に結びつくかというと、そうとも限らないのが面白いところです。

たとえば、脳の大きさがほかの人よりも一〇パーセント大きいということがあっても、そのこと自体が脳の働きにそれほど大した差を生んだりはしないのです。むしろ、こうした「量的な差」よりも「質的な差」のほうが、脳の働きに大きく影響するのです。ここに、アインシュタインが偉大な業績を残したことの秘密が隠されています。

重要なのは、限られた脳の回路をどうつなぐかであって、そちらの違いの方が、十倍、百倍、千倍の能力差につながる可能性があるのです。アインシュタインは人一倍「脳のつかい方」に長《た》けていたということでしょう。

結局、脳の仕組みとは、与えられた条件のもとでどうそれを生かすか、ということが一番大事なのです。そのため、単なる大きさでは測れないというのが脳科学者としての私の見解です。

知能指数のＩＱについても、まったく同じ考え方が当てはまります。いくらＩＱが高いからといって、必ずしも成果につながるのかといえば、そうとは限りません。

実際に、ＩＱが高くても成果を挙げていない人がたくさんいることを踏まえれば、いかに脳をつかいこなすための「独自のスタイル」を見出すことができるかが重要になってくるわけです。

そのような意味でアインシュタインは、素質に恵まれていたというよりも、自分の能力を活用する独自のスタイルを身につけたからこそ、あれだけの功績を残したといえるのではないでしょうか。

昔から「頭はつかいよう」といいますが、本当にそうですね。

自分の個性が生きる「オンリーワン」の世界

数学的能力はピカイチではなかった――。

これは、アインシュタイン自身が実際に若いころに残している言葉なのですが、このことを有名な「ロバとわらの山」のたとえ話を用いて説明しました。

「間隔を開けてわらの山をふたつ用意して、そのちょうど中間にロバを立たせると、ロバはどっちに行っていいかわからなくなって、いずれ餓死してしまう」

アインシュタインは、この「ロバとわらの山」の話のロバに、解法が「直感的」にはわからずに右往左往していた自分を重ねたのです。

数学が得意な人たち、つまりもともと優秀な人たちは、自分がどのような解法を選択すればいいのかを、直感的にわかってしまいます。彼は自分にその直感がないと考えていたようでした。

ところがその後、アインシュタインは数学者ではなく、物理学者として「独自の世界」を見出します。

それがかの有名な「相対性理論」です。この理論により、物理学はもとより、人類の歩みまでが進んだといわれる世紀の大発見です。そしてこうした業績の数々が認められて、彼はのちにノーベル物理学賞を受賞しました。

けれどもこの「相対性理論」を理解するとき、天才的な数学センスはそれほど必要とされません。相対性理論には、一般相対性理論と特殊相対性理論があり、特殊相対性理論のほうは高校生の数学レベルでも対応できるものです。彼は「みんなが理解可能な論文」を書き上げてくれたわけです。

ここでアインシュタインが我々に教えてくれる「ポジティブ脳」の秘訣とは、自分の個性が生きる「オンリーワン」の世界を見つけるということです。

人と優劣を比較することからは、生産性のある自分の将来は生まれません。

周囲の価値観を気にする時間があったら、自分の価値観を尊重して、オンリーワン、つまり「自分ならではのスタイル」を選んだほうが、望む未来に続いていくように思うのです。

アインシュタインは、数学的な能力は飛び抜けていませんでしたが、ティーンエイジャーの頃からある能力が飛び抜けていました。

それは、「ひとつのことを、しつこく考える力」です。つまり、数学的な思考にこだわらず、「本質を洞察する」という方向にエネルギーを注ぎ続けたのです。

「光のスピードで光を追いかけたら、いったいどうなるのだろうか？」

それを一〇代から二〇代にかけて、本当にしつこく考え続けたのです。そうして彼は一九〇五年に、相対性理論を含めた３つの大論文を発表し、世の中をあっといわせました。同年が「奇跡の年」と呼ばれるゆえんです。

「発想の転換」で、ガラスの天井をうち破れ

今や、日本人が女子マラソンで世界一になることはまるで当たり前のように考えられるようになりましたが、もともと「女子にマラソンは無理」といわれていた時代が長く続いていたことをご存知でしょうか。

じつをいえば、これは人々がそのように勝手に決めつけていただけであって、そこに特別な根拠はありませんでした。

女子にはマラソンは無理だという決めつけが、いつしか目に見えない「ガラスの天井」になり、選手たちの活躍を無意識にさえぎっていたのです。まさに「ネガティブ脳」が働いてしまったのですね。

では、この「決めつけ」というガラスの天井を突き破るには、どうすればいいのでしょうか。このような問いに私がいつも用意しているのは「常識を覆したケーススタディ」に触れるということです。

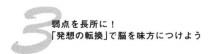

バルセロナ、アトランタ五輪の女子マラソンのメダリストであり、日本における女子マラソンの草分けでもある有森裕子《ありもりゆうこ》さんに、以前とても興味深い話を聞いたことがあります。

ちょうどそのとき、有森さんと一緒にヨガをさせていただいたのですが、驚いたことに有森さんはあぐらもかけないぐらいに足が硬かったのです。

マラソン界の〝常識〟としては、そんな硬い足では柔軟なフォームがつくり出せないので不利になると思われがちですが、有森さんはそう考えませんでした。「足が硬いということは、逆に考えれば、故障しにくいということ」と発想を転換して、工夫を凝らしながらマラソンを走っていたそうです。

目の前の事実を、「良い」「悪い」と決めつけて一喜一憂することなく〝フラット〟に考えて、やるべきことを淡々とやる——。そしてみごとに、有森さんは大きな結果を手に入れました。

弱点から目をそらすのではなく、その弱点をいかにして長所に変えることができるのかと「発想の転換」をして、すぐ「行動」に移してみる。

この一連の作業こそが、本当の「ポジティブ脳」なのです。

「きっとムリ」「たぶんダメ」はただの思い込み

それはスポーツに限らず、学問や仕事でも同じだといえます。

たとえば英語にしてもそうです。「英語はある時期までに学ばないと上達しない」といわれることもしばしばですが、ジョセフ・コンラッドというひとりの小説家がそれを否定してくれています。

コンラッドは、ベルディチュフ、当時のロシア帝国・キエフ県（現ウクライナ・ジトームィル州）で生まれ、二十歳を過ぎるまで英語に触れたことが一度もありませんでした。

二十歳を過ぎてからはじめて英語に触れ、三十歳のときにはすでに英語で小説を書いていたそうです。

彼の代表作のひとつ『闇の奥（Heart of Darkness）』は１９７９年には映画監督フランシス・フォード・コッポラによって『地獄の黙示録』として映画化されアカデミ

ー賞をはじめ多くの賞を獲得しました。

　このようなケーススタディは、どの分野にも見ることができます。

　ビジネスの世界でも、今では当たり前につかわれているインターネット。

　今や我々の暮らしになくてはならないものですが、インターネットの黎明期には「良い発明だがビジネスにはつかえない」、「こんなものは信用できない」という意見が多数を占めていたことを、私は鮮明に覚えています。

　ところが現在はどうでしょうか。もはや、説明する必要もありません。

　「きっとムリ」「たぶんダメ」……。私たちは実際にスタートする前にこんな言葉でみずからを縛ってしまいがちです。けれどもこんな例からも、いかにして固定観念というガラスの天井を突き破るかのヒントが見えてきたのではないでしょうか。

自分の力が及ばない世界には執着しない

　もうひとつ、ある事例を交えて解説していきましょう。

会社に属するビジネスパーソンであれば、避けて通れないのが異動です。

たとえば、入社してから総務に配属されて熱心に取り組んで、やっと総務の仕事が面白くなってきたと思った矢先に、急に上司から「来月から営業部に異動だからよろしく」などといわれてしまったとしたら……。

きっと、最初はネガティブな気持ちになってしまうのではないでしょうか。

「自分には営業なんか向いてない」

そんな不満な気持ちを持つこともあるでしょう。

でも、「自分には営業なんか向いてない」というのは、単なる決めつけ、つまりこれもガラスの天井だということです。

このケースにはふたつの「決めつけ」があります。それは「総務の仕事に向いている」「営業の仕事には向いていない」というものです。

もちろん、いきなりの辞令にショックを受ける気持ちは仕方がないと思いますが、**ここで客観的に事態を見つめて「決めつけ」から脱出できるかどうかが、その後の人生をストレスなく楽しく送れるかどうかのカギとなります。**

まずは「良い」「悪い」という価値観を横に置き、「営業の仕事とはどんなものなのか」をフラットに理解してみることをおすすめします。

そしてその中で、「自分が得意な分野はどれだろう」「自分の弱点はここだけど、それを生かす方法はないだろうか」と考えを進めるのです。

営業部への異動は、自分の力ではどうにもできない範囲のことです。そこに意識を集中させて不満をふくらませていても、ただストレスが溜まるばかりです。それではいたずらに脳のエネルギーを消費させてしまいます。

そこから頭を切り替えて、「ポジティブ脳」で事態を冷静に見つめ、これから自分が生きていく方法を具体的に考え、行動に移してみることが大切なのです。

「自分の個性」が嫌いな人に知ってほしいこと

「自分の個性を大切にといわれても、その個性がどうしても嫌いなんです！」

「人の評価は関係ないっていわれても、自分はそんなに強くなれない……」

たしかに、人の目を気にせず、ありのままの自分を受け入れるという作業は、時間がかかりますし、必ずしもそれが簡単にいくとは限りませんよね。

実際のところ、**「自分らしさ」という個性を受け入れられるかどうかが、「ポジティブ脳」を手に入れるための大きなカギになってくるでしょう。**

多くの方々が、ネガティブな思考の習慣を持つようになったその要因を突き詰めていくと、どうやらティーンエイジャーの時代に「自分らしさ」を見つける作業に失敗してしまったことがあるようです。

思春期を迎えたティーンエイジャーは、ネガティブな思考の習慣を持つ傾向が強いものです。その理由の多くが、自分のルックスに対して居心地の悪さを感じているケースです。それはすなわち、「自分がどう見えるか」ということに悩む年頃だということです。

このようにティーンエイジャーの頃の悩みを引きずって、大人になってからも「自分らしさ」という個性をずっと受け入れられずにいる人がいたり、自分の容姿や性格、能力、あるいは人に好かれるか好かれないかといったことで自分にダメ出しをしてしまう人も少なくないようです。

周囲から浮いていたっていいんだ!

ある学校にお邪魔する機会があり、生徒たちに話をしていたときのことです。

みんなの気を引こうとしてまずは雑談から開始しました。すると、「茂木先生の話は面白い!」ということで、最初は気もそぞろだった多くの生徒たちが私の話を真剣に聞き始めました。

ところが、あるひとりの男子生徒だけ、私の話を聞かずに、何やら机の上で自分の好きなことをしているではありませんか。

私はどうもその様子が気になって、その生徒のところに歩いていきました。すると机の上に『魔法科高校の劣等生』（佐島勤／KADOKAWA）という、子どもたちの間で人気のライトノベルが置かれているのを見つけました。

「へー、キミはこういう本が好きなんだね」

私がそう訊ねたところ、彼は全巻読んでいるんだと応えました。

その生徒はもともと、クラスの中でも少々浮いてしまっている存在のようで、あまり授業にも参加しない、学校からすれば「問題児」のようです。

講演が終わったとき、先生からこんなことをいわれました。

「茂木先生、大変失礼いたしました。あの生徒はいつもああなんです。まったく、困ったものです……」

けれども私は、彼と話してみて、とても面白い生徒だなと感じました。なぜなら、彼はきちんと彼自身の世界を持って生きているからです。

ところが学校では、「彼らしさ」というのは出してはいけない。みんなと同じように授業を受け、みんなと同じように行動しなければならないことになっています。そのことに彼は苦しんでいるわけです。

でも、ここで考えてみてください。

彼にはライトノベルという、夢中になれることがある。それはすなわち、彼が自分だけの世界を持っていることの表れではないでしょうか。

『魔法科高校の劣等生』という小説の選び方からしても、それは彼の個性であり、そこにポジティブなアピールがあるということです。

少なくともそのようなときに、「おぉ、面白いじゃんこれ！『魔法科高校の劣等生』いいね！」といってあげられる大人や友だちがひとりいるだけで、その生徒は救われるかもしれません。

世間と自分との「ズレ」はチャンス！

ビジネスパーソンの方々を見ていると、どうも上司や他人の目を、必要以上に気にしながら仕事をしている人が多いように感じます。

たしかに、会社の体制、また方針やルールに従うことは、組織に属する人間として当然のことかもしれません。ただその反面、自分と組織の価値観にズレが生じてしまい、それに悩んだ経験を、誰もが持っているのではないでしょうか。

たとえば会議で、みんなが「いいよね！」と盛り上がっているところに、「それはちょっと違うんじゃないかな？」などと発言しようものなら、たちまち「あいつは何をいっているんだ！」という空気が漂って孤立してしまう……。

そして、「自分はただのへそ曲がりなのだろうか」「自分にはこの会社が合わないのかな」などと、ネガティブな意識におちいってしまうことがあります。

でも、単にうわべだけの取り繕いをすることがポジティブな行動といえるでしょうか？　私はそうは思いません。

「ポジティブ脳」とは、決して空気を読んでまわりに歩調を合わせることではありません。自己保守的な行動が、望む結果をもたらすことはないからです。

このような場合、私はいつもこういうふうに考えるようにしています。組織や世間と自分がズレていて、自分が少数派だと感じたときは、それが「自分の個性を磨くチャンス」なのだと。

たとえば、私はある文学賞の選考委員をやらせていただいています。その選考委員会でノミネートされている作品を読んで「あ、今回の受賞作は絶対これだよな」と思って、いざほかの選考委員の方々と話をしてみると、その作品を選んだのは私だけということがよくあるのです。

そのようなとき、「自分には作品を選考する才能がないのかもしれない」とネガティブな感情に支配されて呆然とすることもあります。

ただ、いったんはそうして落ち込んでしまうものの、そのあとに「あ、これが個性なんだ」と思うことができたとたん、気持ちがどんどんポジティブに変換されていくのがわかります。

さらに、意外にも私と同じ個性を持っている選考委員がいたりするときには、「なんか俺たちって、少数派だよな」と個性の共有をして笑い飛ばすことなどもできるわけです。

たとえ世間から見て「ズレた個性」であっても、その個性のズレをうまく生かした仕事の仕方というものがきっとあると思うのです。

たったひとりでも、自分と気が合う人は存在する

私が高校生のとき、アメリカの総合ファミリー雑誌である『リーダーズ・ダイジェスト』で、陪審員裁判を題材にしたコメディ漫画がありました。

その中で、陪審員たちがランチどきにファストフード店で注文するという設定があったのですが、ランチの注文を受けた店員が、大声で「十二個のチーズバーガーと一個のホットドッグ、十二個のコーラと一個のミルクシェークですね？」といっているのです。

十二人が同じものを頼んでいるのに、ひとりだけ違うものを頼んでいる。つまりは、きっと裁判での判決もまた、そのような図式になってしまうだろうという滑稽さがうまく表現されていて、読んでいてとても印象的でした。

このエピソード、みなさんはどう思われますか?

たしかに、十二対一といった判決になってしまった場合、ひとりになってしまった人というのは、おそらく「自分は仲間外れだ」と感じてしまうかもしれません。でも、それは決して間違いではない。

逆にそれをポジティブに考えたなら、「十三人のうち、自分にしか持てない意見がある」ともいえるわけです。

そして、そのような人は自分を孤独だと考える必要はありません。必ずや、そういう自分と似たタイプの自分と気が合う人が、どこかに、「たったひとり」であっても存在するはずです。

もしも今、身近にいなくても、いずれそういう人が見つかることと思います。そのときにはきっと、うわべだけのつき合いでは決して得られない、深く、豊かな人間関係が築けるはずです。

「小さな情報発信」を続けよう

世間と自分がズレていたとき、それは自分の個性を磨く絶好のチャンス。たとえひとりでもいいから、自分と同じ感覚を持っている人を見つければ、集団のストレスから解放される——。

では、その見つけ方はどうすればいいのでしょうか。

「あ、あの人ってもしかすると自分と似ているかもしれない」

「あ、この人って自分と同じ〝匂い〟がする」

そんな経験、誰にでもあると思います。昔から探していた人にようやく出会えたような気持ちになったりして、なんだかうれしくなりますよね。

こんな偶然の出会いをいつでも可能にする方法があればいいのですが、人生、そう簡単ではありません。その効果的な方法として、「小さな情報発信」を続けながらこの偶然の出会いを待つという方法があります。

そもそも今の時代を生き抜く人たちは、その個性が非常に細分化しているように感じます。普段からとても近い距離にいながら、意外にお互いのことを知らなかったりする関係なども多々あります。

その隙間をうめる行為がこの「小さな情報発信」です。

たとえば学校のクラスメートや、会社の同僚との会話の中で、「自分が好きなもの」を毎日ちょっとずつ伝え続けるのです。

「自分は○○が好きなんだけど、君はどう?」などといった会話のコミュニケーションを図っていくのです。

そうこうしているうちに、「あ、△△さんって、○○が好きみたいよ」といった個性の共有ができるようになってきます。

男性であれば漫画やコレクションの話でもいいですし、女性であればファッションやスイーツでもいい。

折りに触れてちょっとしたこだわりを話してみると、あなたのキャラクターの輪郭が際立って、みんなが「あの人はこんなタイプ」と認識できるようになるはずです。

それが回り回ってうわさになったり、あるいは「こういう人がいる」と、まったく知らなかった相性ばっちりの人を教えてもらえたりするかもしれません。

そんな相手を見つけられるように、まず自分から情報の発信を続けて、根気よく探してみましょう。とにかく自分から働きかけることです。こんな行動力を発揮することで、だんだんと「ポジティブ脳」になれるのです。

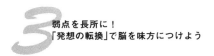

「他人の進歩」を素直にほめよう

「夢なんて持たなくていい」という意見を、最近よく耳にします。

たしかにそうかもしれません。ただ、大それた夢ではなくても、たとえ小さな夢でも、それを目指しているだけで、自分の個性というものは磨かれていくと思います。

というのも、私が高校生のときにはじめてカナダに行き、それから先もときどき外国へ行くようになって、まず最初に感じたのがそのことだったのです。

「私はこういう夢を持っている」

「こういうことを目指している」

「こういうすばらしい体験をした」

「こういう学びがあった」

「こういうことを成し遂げられた」

私がこのようなことを他人にいうと、それまで過ごしていた日本の社会では「へえ

〜、よかったね……」という微妙な反応しか返ってきませんでした。

ところが、カナダやアメリカへ行って驚いたのは、同じようなことを他人にいったときに、「おっ、それはすごいね！」、「やったじゃん！」「よかったね！」と、みんなが素直にほめてくれたことです。

ここで誤解してほしくないのが、「君ならできるよ」と無理に背中を押されたということではなく、またもちろん「人間はポジティブであるべきだ」「いろいろ達成するために努力すべきだ」といった価値観の押しつけでもなかったということです。

あくまでもごく自然で素直な反応だったのです。

このように〝世界標準〟で、人の個性や夢に素直に共感できることもまた「ポジティブ脳」の特徴です。

お手本は子どもの感情共有力

ではここで、この「ポジティブ脳」を手に入れるために、みなさんが子どもだったときのことを少し思い出してみてください。

子どもはごく自然に、友だちの「すごいこと」に感動します。批判したり、ねたんだりすることはほとんどありません。

たとえば友だちが五段ギアの自転車に乗っていれば「うわ、かっこいい！」とワクワクし、川面で遠くまで石を投げれば「やった！」と自分のことのように喜んでいたのではないでしょうか。この素直な感情の共有こそが大切なのです。

子ども時代に限らず大人になっても、他人に対してそういう感覚を共有できる人とできない人では、それぞれの個性の伸びしろが大きく違っていくはずです。

私は日本の人たちもそろそろ、ほめることに慣れてもいいんじゃないかと思っています。その極端な模範例を挙げるとすれば、ポジティブ心理学の最先端を行くアメリカの教育方法です。

みなさんもテレビなどで一度は目にしたことがあるかもしれませんが、アメリカの小学校などでは、生徒たちがちょっとステップアップしただけで先生がとてもほめてくれます。

たとえどんなに小さなことでも「お掃除ができました賞」や「友だちと仲良くでき

たで賞」などといったように、ポジティブな感情を個性へとつなげる教育が、積み上げ形式でなされています。

このような教育を受けているからこそ、人の個性や、その結果としての業績をしっかりと尊重し合う習慣が身についていく。そしてまた、その環境がしっかりと整備されているのだと思います。

このアメリカという国から、個性的な起業家やオリジナリティあふれる発明が続出している背景には、そんな教育習慣の積み重ねがあるのではないかと思うのです。

もし、まわりの人が少しでも進歩したり、少しでも自分の夢に近づくことができたのを見たら、あなたも恥ずかしがらずに、素直にほめてあげてください。

ほめるという行為は、相手ばかりではなく自分の自尊心さえも高めてくれるのです。

こうやって、世の中に「ポジティブ脳」を増やしていこうではありませんか。

「ラベル」をはがすと、世界が広がる

じつをいうと私も、東大生時代に「普通の優等生」だった時期がありました。

今考えると、あの頃は私を含めてみんな「守るもの」がたくさんあったように思います。誰もがほぼ例外なく一生懸命に勉強して、やっとの思いで東大生になったわけです。そんな状況で「自分は頭がいいんです」という〝東大のラベル〟をはがすのは至難の業ですから、みんな必死に守ろうとしていたんでしょう。

以前、テニス指導者の松岡修造《まつおかしゅうぞう》さんとお会いしたとき、とても感心するお話が聞けたので、ここでご紹介したいと思います。

松岡さんは、小学校時代から「慶應《けいおう》」一筋で育ってきたそうです。そして、ぬるま湯状態だったという高校の頃に一念発起して、自分自身を鍛え直すために高校テニス界の名門・柳川《やながわ》高等学校への転校を決意したそうです。

そうしてその後に松岡さんが日本人男子プロテニスプレーヤーとして、数々の記録

を塗りかえる活躍を見せたことは、みなさんがご存知の通りです。

このように、自分についたラベルをはがしたことがある人は、大きな結果を出しているように思うのです。

そして、ここからが肝心なところ。みなさんも何かにチャレンジしようとするときに、「ラベル」をはがす決意を持ってみてください。

率直に申し上げて、今の世の中を動かしている社会の基準は、肩書きや地位という「ラベル」によって構築されている部分が大きいと思います。どんな学歴があるのか、どんな肩書きがあるのか、あるいはどんな家柄かによって「この人は自分より上なのか下なのか」を判断し、つき合い方を変える人も多いものです。

けれどもこの「ラベル」は自分を助けてくれるばかりでなく、縛ってしまうことさえもあります。自分が何かに取り組みたいと思ったときに、このような「ラベル」が邪魔をしてしまうことも多いのです。

松岡さんも、「自分は本当にテニスを一生懸命やって世界と戦ってみたい」という気持ちから、退路を断つ決意で、これまでのエリートひとすじの「ラベル」をはがしたのではないでしょうか。

最近、講演会などでよく受ける質問があります。

「茂木さんは、いつ幸せを感じますか？」

それに対しての私の答えは次のものです。

「自分にとって難しいことに挑戦しているとき」

この言葉の背景にあるものは「他人からどう評価されるかは、自分の幸せや生き方とはいっさい関係ない」という私の考え方です。

自分が自分の基準で難しいと思うことに挑戦して、クリアしようと全力を注ぐ。その瞬間がこのうえもなく幸せなのです。ここには「他人の評価」は、まったく存在しないのです。

そうやって「自分基準」で行動し、考えることができると、本当に人生がラクになっていきます。

何かに対して、自分自身が真剣に努力しているときに、人の評価を気にするのはナンセンスであり、もったいないことではないでしょうか。なぜならそれは、その時点ですでに、自分が目の前のことに集中していない証拠だからです。

みなさんも、どうか自分の「ラベル」をはがしてみてください。きっと、違う世界が目の前に広がっていくはずですよ。

カンジンなのは「稽古」のとき

私が尊敬する前出の落語家、立川談志師匠があるとき次のように言われました。それは、相撲《すもう》の世界では、本場所は〝集金するとき〟と考えられているというお話です。

そもそもお相撲さんにとって、本当に大事なのは実力を高める稽古のとき、つまり自分にとって難しい挑戦をしているときです。

たしかに、稽古のときというのは誰も見ていないし、ほめてもくれない。稽古場で泥まみれになって、ただただつらいだけの時間かもしれません。

みんながお酒を飲み、遊びに行っているときでさえも、稽古に没入する。つまり、稽古をしているときが相撲取りのすべてであり、本場所は稽古の成果を見せる短期決戦、つまり成果の〝集金〟をするだけの場所だというのです。

ここで重要なのは、力士にとって番付《ばんづけ》、本場所、稽古のうちで、どれが人生の中心であるかということです。それはやはり、長い時間を過ごす稽古といえるのではないでしょうか。

そしてその稽古の中に、本当の「幸せ」があるのではないかと思うのです。

仕事や勉強でも同じです。

誰も見ていないところで工夫したり努力する。ときにはつらかったり、「自分はまだまだだ」と思ったり……。

そこに世間の評価や肩書き、家柄などのラベルは関係ありません。

「他人からどう評価されるかは、人生を生きるうえで意味はない」

これさえわかれば、きっと他人の評価に惑わされずに、人生がストレスなく、ラクなものへと変わっていくはずです。

4
「論理」のチカラで、悩みは消える！

Positive

頑固なネガティブ感情を退治する、とっておきの方法

コップに水が半分入っているときに、「まだ半分ある」と考えるか、「もう半分しかない」と考えるか、これがポジティブとネガティブの分かれ道だ——。

よく、こんなふうにいわれますよね。

これは誤解されやすいところなのですが、このたとえ話は、明るい人間か、暗い人間かの判別基準を表すものではありません。

ものごとの「注意の向け方」しだいで、状況はいとも簡単に、まさに一瞬で好転できる——。そのことを表している事例なのです。

要は「感情」の問題ではなく、もっと知的な「論理」の問題なのです。

そもそも、不安や後悔などのネガティブな感情は、それほどすぐに消し去ることはできません。そしてそれを可能にする方法として、「論理」の力を借りて、ネガティブからポジティブへと注意の方向を変えることが重要になるのです。

ご存知の通り、頑固なネガティブ感情をポジティブな方向へと転換させるためには、大きな労力がかかります。けれどもここで論理の力を借りてみると、状況は一瞬でガラリと変わります。

たとえば、ある政党の指導者がいるとします。「わが党の支持率は五パーセントである。はたして政権を取ることは可能なのだろうか」と思案しています。

そのあとに続く考え方としては、ふたつあります。

ひとつめが「五パーセントしか支持されていないのでは、政権は取れないだろう」というものです。ここで結論が出てしまいましたから、ここから何も行動は起こりません。

そしてもうひとつの考え方が、「待てよ。まだ九五パーセントも、わが党を支持する可能性がある有権者がいるんだ」というものです。

これは結論を出す前に、まず注意の方向を変えていることがわかります。そしてここから「ではとりあえず、その人たちに訴えかけることにしよう」と、具体的なアクションを起こすことにつながるのです。

もちろんこう考えることで、実際に政権を取れるかどうかは誰にもわかりません。

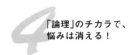

けれども、少なくとも「求める結果」に近づくことだけは確かです。くよくよと考えて動きを止めてしまえば、状況はまったく変わりません。

同様に、これが「五〇パーセントの支持者がいる」という政党であっても、「五〇パーセントしかないんだ」ととらえて支持者拡大の動きを止めてしまえば、もうこれ以上、支持者は増えないのです。

これこそが「論理」の力です。

「五パーセントしか支持されていない」なのか、「九五パーセントも潜在的な支持者がいる」なのか。悩んで立ち止まるのではなく、まずそのどちらに注意を向けるかがポイントだということです。

こうして、ポジティブ思考に必要不可欠な要素とは「感情」ではなく「論理」であることがわかったと思います。

つまり、論理をもとに思考する習慣をつけることにより、人生はポジティブな方向に向かいやすいということです。

さて、ではその「論理的に考えること」とはどういうことかを次項でご説明しましょう。

「論理的に考える」って、どういうこと？

「論理思考って苦手なんだよな〜。それって結局、頭のいい人向けに理屈をこねているだけじゃないの？」

もしかしたら、こう思う方もいるかもしれません。

たしかに「論理的に考える」なんていうと、ぱりっとしたスーツを着て、キラーンと銀縁の眼鏡をかけたビジネスマンがふりかざしている思考テクニックのように感じて、ちょっと苦手な印象を持つ人もいるかもしれませんね。

けれどもこれ、パッと見の印象ほどに複雑なことではないんです。わかりやすく説明するなら、次のようになります

自分の置かれている状況を見つめながら、目的のためには何をすべきで、何が足りないのかを、パズルを組み合わせるように考えること。

私たちが目的に近づくためには、もちろん努力や情熱が大切です。しかし、努力や

情熱を持って取り組んでいくうちに、さまざまな困難が生じるものです。それらは精神論や根性論ばかりで押してみても、解決できることばかりではありません。

「こうした状況は、どうして起こるのか?」

「これを克服するには、何をすればいいのか?」

こんなふうに、自分に問いかけながら、パズルを組み合わせるように考えることではじめて、状況を解決する方法が見つかるのだと思います。

これこそが「論理的に考える」ということなのです。

パズルのピースを組み合わせるように考える

おそらく根性論というものは、ホンモノのポジティブ思考とは真逆に位置するものといえるでしょう。知的なパズルに取り組むように、リラックスして発想の転換を楽しむ。それこそが、究極の「ポジティブ脳」のつかい方なのです。

この「ポジティブ脳」のつかい方のお手本として、起業家のホリエモンこと堀江貴文さんからお聞きした、彼の高校時代の経験をご紹介しましょう。

中学時代に生涯の友となるパソコンと出合った堀江さんは、いきなりその世界にどっぷりとはまってしまいました。学校の成績も、学年で下から数えてすぐのところにまで落ちてしまったという話です。

けれどもあるとき、堀江さんは東京大学に行こうと思い立ち、ふたたび本気で勉強を始めました。けれどもそのとき彼は、「とにかくやるしかない！」といった根性論や、「やっぱりだめかも」といった感情論にはおちいりませんでした。

まったく冷静に、自分が東大に合格するには、何をどのように実行するべきか、まさにパズルのピースとピースを組み合わせるように考え続けたのです。

そして、やるべきことを決めて、それを淡々と精度高く続けた結果、東大に合格することができたというお話です。これが論理的に考えるということであり、また本当の意味でのポジティブ思考ということなのです。

もちろん、この方法を取ることで、すべての人が望み通りの結果を得られるとは限りません。実際に堀江さん自身も、ロケット開発を始めた当初は何回も失敗を重ねて、心が折れそうになった経験などもあるそうです。

けれどもこうした発想を持って、「脳と心の基礎体力」をつけながら、ただ淡々と行動しているうちに、状況は少しでも良くなっていくのだと思います。

「運のいい人」は、いつも何を考えているのか？

「私はなんて、運が悪いんだ。何かいいこと起こらないかな……」

「あー、絶不調。自分の人生、いつも最悪だ……」

何もかもうまくいかず、こうして後ろ向きに考えてしまいたくなる瞬間、誰もが経験しているのではないでしょうか。

そんなときほど、まわりがうらやましく思えたり、ときには嫉妬《しっと》やひがみのような感情が芽生えることだってあるでしょう。

でも、よくよく考えてみると、物事がうまくいっているときであっても、いっていないときであっても、自分のすべきこと、つまりその瞬間に自分がやれることの内容は変わらなかったりしませんか？


「良いこと」も「悪いこと」も、自分の「決めつけ」でしかない。そう考えれば、じつは人生に「景気循環」のようなアップダウンは存在しない……。

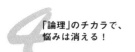

これが私の意見です。

つまり、ポジティブに物事を考えることとは、目の前の出来事に感情を左右されずに、自分がやれることを淡々とやり続ける行為のことでもあるわけです。

とはいうものの、そもそも、それができれば苦労はないんですよね。さてそんなとき、どうすればいいものか。

もしも「あぁ、ついに運にも見放されたな……」と思ったときには、そこから「どのように発想を転換できるか」が大きなカギとなります。

そもそも人が、運に見放されたと考えて落ち込んでしまうなんて、今に始まったことではありません。

昔から本当にたくさんの人々が、その「落ち込み脱出法」に知恵を絞ってきました。

私はそこで、偉大なる智慧《ちえ》の巨人であるお釈迦《しゃか》様（ブッダ）のお考えになった方法をおすすめしたいと思います。

私はこれを、「ブッダ・マインド法」と名づけました。

原始仏教典のスッタニパータには、次のような言葉があります。

「サイの角のようにただ独《ひと》り歩め」

これは、うっそうとしたジャングルを大きな角で分け入って、ずんずんと進むサイのたとえです。どんなときも自分の強い信念にもとづいて、たとえつらく孤独であっても、目の前をしっかりと見ながら生きて行けばいいという教えだと思います。

つまり、私のいうブッタ・マインド法とは、**運にも左右されず、人にも左右されず、そしてどんな状況にも左右されず、ただ淡々と、今「やるべきこと」をやるという心のあり方**なのです。

そしてそれが思い通りに行かなければ、一度立ち止まって次のことを考える。そしてふたたび、ずんずんと進めばいい。私もこれまで何度も繰り返してきましたが、やはりこれこそが「ポジティブ脳」の習慣術だと実感しています。

逃げることも立派な方法のひとつ

「サイのように歩いていれば、どこかにぶつかったり、いきなり敵に出会ったりするじゃないか。それよりも、じっとしていたほうが危険は少ないよね」

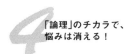

このように、行動よりも安全重視で、動き始めることに不安を覚える方もいらっしゃるでしょう。

たしかに、毎日に一喜一憂せず、やるべきことを淡々と行動に移していても、いいことばかりは起こらないでしょう。ときには運が悪い、不条理なことに出会ってしまうこともあるかもしれませんね。

たとえば会社のエレベーターで部長と一緒になったとき。勇気を持ってあいさつしてみたのに、腹の虫のいどころが悪かったのか「あいさつの仕方が悪い！」と叱られてしまうような、「出会いがしらの事故」だってあるでしょう。

どうかそんなときには、あまり責任感を持って考え込まないでください。あくまで突発的な事故なんだと考えて、そのときはもう後ろを振り返らずに、「失礼しましたー！」とその場から全力で逃げるのもひとつの手段です。

こうして「逃げることも立派な方法のひとつだ」と考えることができると、なんだか少し気分がラクになってきませんか？

たとえその場からは逃げていても、ほかのところには向かっている。そんな解釈をしてみてください。

じつは私も、そんな「不条理なこと」に出会ってしまうことがあります。

たとえば、私が急いで目的地に向かっているときに限って、修学旅行の高校生たちが「あ〜、茂木健一郎だ！」と追いかけていらっしゃる……。

私はそんなときでもあらかじめ、「いやいやどうも」とあいさつしながら、いつの間にか消えていなくなる〝退却パターン〟をいくつも用意していますから、あわてることはありません。

と、これはいささか誇張した例ですが、とにかく「逃げる」という選択肢があるだけで、とっさの事態に悩むことがなくなるのです。

とにかく大切なことは、不条理なことに出くわしても、必要以上に落ち込むことなどないということ。

私の場合、わが身に起こった不条理はすべて「おお、本のネタになるじゃないか！」と、じつは密かにほくそえんでいます。

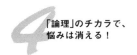

占いを利用して人生を好転させるには

みなさんは占いを信じますか？

ポジティブ思考の人、ネガティブ思考の人に関わらず、占いがお好きな方、信じている方は多いと思います。

そもそも、占いというものには「科学的な根拠」はありません。昔から「当たるも八卦《はっけ》、当たらぬも八卦」といわれるように、それは確率の問題、つまりサイコロを振って、そこで出た目にしたがうのと同じようなものだということです。

だから同じ誕生日であっても、「今日のあなた」なんていう朝のテレビ番組の占いの通り、あこがれの人に声をかけられる人もいれば、反対に無視されてしまう人もいるわけですね。

しかしです、みなさん、この占いを上手に信じることが、「ポジティブ脳」を発揮する大きな助けになることをご存知でしょうか？

たとえば、「今日のラッキーカラーはブルーです」という占いがあったとしましょう。じつをいえば、今日のラッキーカラーはピンクでも、イエローでも、何色でもいいわけです。問題なのはその解釈だということ。

「なるほど、ブルーなんだ」と知ると、なんだかちょっと気分いいじゃないですか？そうしたら、その気分に乗って、とりあえず机の上にあるブルーのファイルを開けて、中身を確認してみてもいいんです。

もしかしたら、見つからなかった重要書類が見つかったり、ちょうど今知りたかった情報を、偶然に見つけたりするかもしれません。要は、その色に注目して具体的な行動を取ることが重要なのです。

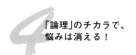

「根拠がある」「根拠がない」などの主観を排して、そのラッキーカラーを「きっかけ」にして、自分の目的に合わせて実際に行動を起こすこと、そんな〝フラット〟で客観的な考え方こそが「ポジティブ脳」なのです。

運も不運もサイコロと同じで、ランダムに訪れるものではないでしょうか。

どんな人でも、必ず良いことがあれば、悪いことも起こります。どんなことにも一喜一憂せず、その場その場で、良い方向に向けて淡々とアクションを起こすことで、事態は少しずつでも解決に向かっていくのだと思います。

〝フラット〟に考えることが「ポジティブ脳」への近道

ここで少々極端な例を挙げますが、仕事をリストラされてしまったときに「ああ、自分は本当に運が悪いな……」と思う人がいるでしょう。

でも、このリストラも〝フラット〟に考えてみるのが「ポジティブ脳」です。これがきっかけで、次の人生に切り替われる。もしかしたら、もっと自分の能力が発揮できる仕事に巡り会うチャンスかもしれない――。

このように世の中の多くのことは、解釈の仕方によっては、運が良いとも解釈できるし、悪いとも解釈できるということです。良いと思った方向にアクションを起こせるかどうかが重要なのだと思います。

そもそも「運が良い」というのはどんな状況をさすのでしょうか。私の考えでは、「自分が楽しめることがあり、そこに向かって行動できる状況」なのだと思います。

自分が楽しめることとは、まさに人それぞれで、個人の価値観しだい。つまり、人により運のあり方は変わるということです。

私自身でいえば、自分がやっていることがより高いステージ、より深いステージに行けるということに、「運が良い」というイメージを持っています。

わかりやすくいうと、何もせずに宝くじで十億円を当てて、十億円分の買い物ができることよりも、自分のやっていることが十億円分の価値を生み出すことのほうが、私の場合は何十倍も充実しているということです。

みなさん、人の価値観ではなく、自分の価値観で動きませんか?

そうやって人と比べずに自分の価値観で行動することこそが、〝フラット〟な「ポジティブ脳」になる秘訣なのです。

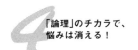

「シャーロック・ホームズ式」で相手の心を読み取る

「ああ、人の心が読めたらいいのに……」

誰でもこんなふうに考えたこと、ありますよね。

人間関係に悩みや不安を抱えている人でも、心の理論を知ってうまく発想の転換ができれば、どんな人ともストレスなくつき合えるようになります。

そこでまず知ってほしいのが、相手の心を推理するためのテクニックです。

今、相手はどんな心理状態なのか？　それさえきちんと押さえておけば、ストレスのない円滑な人間関係を築くことができると思います。

じつは、相手の心を推理する方法には二種類あるといわれています。

まずひとつめは「共感型」で、〝感情〟に注目するものです。

これは「きっと相手はこういう気持ちだろう」と、自分の感情と照らし合わせて、思い当たる点をもとに相手とつき合う方法。つまり「共感点」を窓口にして相手の感情を推し量るものです。

そしてもうひとつは「論理型」で、〝行動〟に注目するものです。

相手の行動を分析しながら、「相手はこういう行動を取った。ということはこんな考えを持っているのだろう」と論理的に推理する方法です。

私はこの方法を「シャーロック・ホームズ式」と勝手に呼んでいます。シャーロック・ホームズとは、イギリスの作家コナン・ドイルの推理小説に出てくる名探偵。

彼の特徴は相手を徹底的に観察し、心の裏側を論理的に読み取るテクニックがずば抜けていること。つまり、相手の「感情」でなく「行動」に注目して、冷静に事態を分析し、こちら側の対応を決定していくものです。

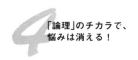

部長はロボット

さて、相手の心を推理するためには、どちらの型が都合いいのでしょうか？

ここでひとつケーススタディを用いて、共感型と論理型それぞれの効果を比較してみたいと思います。

たとえば、あなたが仕事でひとつのプロジェクトを進めているとしましょう。予算が不足して、部長に増額の決済をお願いする必要が出てしまいました。重い足取りで部長の部屋へ向かい、扉をノックします。

そのときの心境としては、「ああ〜、あの部長だから、いろんな文句をいわれそうだな」といったところでしょう。

では、なぜここで嫌な気持ちになるのかといえば、それは部長の気持ちを「共感型」で推測してしまっているから。自分はこういうときにこう感じる。だから部長もきっとそうなんだろう、という発想の流れです。

その結果、ただただ謝るばかりで建設的な説得もなくなって、部長はどんどん怒り出すことでしょう。

一方、これをシャーロック式に論理型で考えてみると、事態はガラリと変わり、部長とストレスなく自信を持って対応することができるようになります。

まず、少し失礼に思われるかもしれませんが、心の中で、部長を「ロボット」だと考えてみてください。何をするかわからない恐ろしい生き物などとは考えず、マニュアル通りで論理的に動く機械だと発想を転換するだけで、不思議なことにストレスは激減し、対面してもアガることがなくなります。

きっと次のように、事前の作戦もシャーロック式で論理的なものになっていくことでしょう。

「あのロボット部長はいつもリアクションが単純だよな。絶対にここを突いてくるな。こういう反応もするだろう。だとすれば、この部分さえしっかり説明できれば説得できるかもしれない」などと、論理的に分析して推測できるのです。

これからの人間関係は人工知能の処理力に学べ！

じつはこれ、最近話題の人工知能がやっている作業と同じなのです。

たとえば、ネットショッピングにしても、人工知能がビッグデータを解析し、「この人はこういうものを買っているから、次はこれを提案してみよう」といったように、自動的に判断しておすすめのメールを顧客に届けます。

人工知能からすれば、その人に共感して推測することなどは決してなく、ただ「論理型」で作業を繰り返しているに過ぎないのです。

もちろん、プライベートは「共感型」だって構わないんですよ。

でも、複雑でストレスの多いビジネス環境では、こうして人工知能のように「論理型」で人づき合いができる人のほうが、不安や心配をふくらませずに、ラクな気持ちで人間関係を処理していくことができると思います。

それはまさに、「ポジティブ脳」をうまく味方につけて人間関係を良好に保つための知恵ともいえるのです。

「もうだめだ…」と思ったときは、論理のチカラで方向転換！

人の心のありようは、人生のさまざまな階段を上がっていくうちに変化していきますから、誰の人生にも気持ちの浮き沈みは起こるものです。

私自身の人生を振り返ってみても、やはり思春期は情緒不安定で、何に対してもネガティブに考えてしまう傾向がありました。そういうときは、たしかにやることがなくて不安になったり、やる気も起こらなかったりしたものです。

ところが、私は脳科学の研究を始めた三十歳ぐらいを契機に、そこからずっと好調のままと感じています。つまり、人生のスランプがないのです。

では、私はなぜ、ネガティブな気持ちにおちいることなく、いつもポジティブに生きていられるのか。その要因は、「自分にはいつも何かやることがあるんだ」という考え方になれたからだと思います。

私にとって、人生で最悪のこととは、やることが何もなくなった状態になることで

す。何もやることがなく、動きが止まってしまう状態にあると、人は不安になったり余計なことを考えたりするようになります。

これは人間にとってとても困った状態なわけですが、じつは現代においてはこれを回避するさまざまな方法が確保されているため、もう心配には及びません。

たとえばそれは、スマートフォンを通じてインターネットの世界とつながることです。このスマホさえあれば、人間の動きは止まることがなく、あっちがダメならこっちへ行こうといった具合に、つねにやることの「動線」は確保されています。もう、人生において動きが止まる理由はないのです。

たとえば、あなたが大学受験に失敗して、再受験はかなわないとします。昔であれば、そこで学ぶ手段がなくなって、勉強することをあきらめざるを得なかったかもしれません。そしてその先には「絶望」というネガティブな世界しか待っていなかったことでしょう。

しかし現在は、インターネットを通じて、学ぶ方法を乗り換えることはいくらでもできます。たとえ大学に行かなくても、勉強するのには困らない時代が来たのです。「勉強するチャンスがない」なんて、ただの言い訳にしかならないのです。

その証拠として今、世界各地のトップ大学が世界の貧しい人たちに向けて高度な授業をネットで配信し始めています。近い将来、新興国の貧しい地域から驚くべき秀才たちが世界の舞台に出てくるようになるでしょう。

ですから、もしもあなたが挫折したときには「もうダメだ」などと感情的になる前に、まずは「この世界にはたどるべきルートがたくさん存在するんだ。ここから何か始めればいいいじゃないか」と論理的に考えみてほしいのです。

「好奇心」は人生の羅針盤

そしてもうひとつ、「ポジティブ脳」に必要なのが好奇心です。

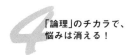

現代にはやるべきこと、やれることがたくさんあるため、もう人間は困ることがないと申し上げました。けれども今度は、そのパラドックスとして、新たな問題が表面に浮かび上がってきました。

「選択肢が多すぎて、自分が何をやりたいのかがわからない」という人が多くなってきたのです。これは単純なようで、とても根が深い問題だと思います。

そんな悩みを抱える人たちに身につけてほしいもの、それが「教養」です。

教養は「リベラルアーツ」、つまり人間を自由に解放するための学問につながるものと解釈できます。

古来人間は、知識がないために為政者に支配されたり、誤った方向に誘導されたりした歴史を持っています。ここで科学や思想などの「知識という武器」を持つことで、人間は自分らしい生活を手に入れることができるのです。

この武器さえ手に入れれば、人間はいろいろな分野に興味がわいて、行動を開始したくなります。つまり、絶望を感じたり、悩んだりすることを回避することができます。行き詰まったときにも、あらゆる方向に人生の「動線」が確保された状態になれるのです。

さて、教養とは広い海のように広く深いものですから、そこを進むために羅針盤のようなものが必要になります。それが「好奇心」です。

「教養なんて、自分には縁のない高尚なもの」なんて考える必要、ありません。

まずはちょっと気になること、なんとなく好きだなと思う分野に首をつっこんでみましょう。

マンガに興味を持ったなら、実際に手を動かして描いてみる。図鑑で珍しいキノコに興味を持ったなら、実際に森に入って探してみて、匂いを嗅いでみる……。

教養とは、こうして自分の好奇心をもとに実際にアクションを起こしたところから、どんどん深化していくものだと思います。

人生の動線をつくる「論理」と「好奇心」。このふたつこそ、私たちが「ポジティブ脳」をもとに人生を上昇していく際の、飛行機の両翼の役割を担っているといえるのではないでしょうか。

「自分との対話」を忘れない

「好き」や「嫌い」にとらわれず、いつも無理のない状態でいる。そんなことって、本当にできるんでしょうか?

そこでは、つねに「自分との対話」を忘れない、と意識しておくことが重要なポイントになってきます。

「今、自分はどう感じているのだろうか?」
「本当の自分は、何がしたいのか?」

こんなふうに、自分自身と対話して、感情と素直に向き合ってみることが大切なのです。

感情に左右されることなく、自分を客観的に観察して、「本当に取るべき行動」を考える……。まさに以前にご提案した「シャーロック式」の感情推理がここでも役に立つのです。

たとえばあなたが、なんだか「モヤモヤしている」とします。そこでその「モヤモヤ」の正体は何かを、名探偵のように推理します。すると「今の部署の仕事のやり方に不満を感じている」ということがわかります。

そしてその不満の正体が「ムダなコストのかかるやり方を改善したいのだ」ということを突き止めました。さらに「会社の役員の人間関係を観察すると、その改善が行われにくい状況にある」ということもわかりました。

では、その場合どうすれば……？　こんなふうに「シャーロック式」で推理を続けていると、ネガティブな感情にとらわれることが少なくなるのです。

このやり方で、「好き」や「嫌い」という感情に振り回されることなく、「次の手」を考えて、無理のない範囲で動き回ることができると思います。

自分が今どう思っているのか、そして本当はどのように行動するべきなのか。その冷静な見極めができるようになると、自分のやるべきことがどんどん明確化されていくはずです。

そこに、「やる気」などはまったく必要ありません。

やる気が必要だと感じてしまうのは、自分との対話をせずに、感情ばかりが空回り

「シャーロック式」で自分と対話する

「なぜ、自分はモヤモヤしているのか？」

⬇

「自分は、今の部署の仕事のやり方に不満を感じている」

⬇

「その“不満”とは、具体的にはどういうことか？」

⬇

「ムダなコストがかかっているのに、
放置されていることが“不満”なのだ」

⬇

「なぜ、放置されているのか？」

⬇

「営業担当役員のやり方に、
誰も反対意見をいえないからだ」

⬇

「なぜ、反対意見をいえないのか？」

⋮

ネガティブな感情を抱えたまま
動かないからストレスになる。
「次の手」を考えて具体的に行動することで
ストレスは減り、状況も好転していく。

している状態。つまり、自分の動きが止まっているときに発せられるネガティブな心理状態に過ぎないのです。

私が考える人生最大の「ネガティブ」とは、動きが止まって、何もやることがなくなってしまう状態だとお話ししました。

けれども、これだけ情報のネットワークが確立され、勉強の進め方にもバリエーションが用意され、誰にでも平等にチャンスが恵まれている現代では、やることがなくなるということはあり得ません。

たとえ、やりたくないことをやらざるを得ない状況であっても、自分との対話によってうまく折り合いをつけて、目の前の課題に淡々と取り組んでください。そうすれば、その障壁をクリアした先に、大きな結果が待っているはずです。

5

「ポジティブ脳」で人生をラクに、楽しく生きる！

Positive

七百万回再生された「ウェーイ！」

私自身、毎日を元気に過ごせている最大の要因は、人の生き方に「正解」を求めないところにあるような気がしています。

日本では多くのみなさんが、進学や就職など人生の方向を決定する重要な場面に立ったとき、「一流企業に入れる大学」「従業員１０００人以上の大企業」といった「正解」を求める傾向があるようです。

よくよくお話を伺ってみると、どうやら「どうなっても間違いのない方向」を選んでおけばいいということらしいのです。たしかに、私たちをとりまく現代の社会は、状況がめまぐるしく変化しています。明日の自分がどうなるかの予測もつきませんから、こうして安全策を取るのも重要な人生戦略といえるかもしれません。

けれども私には、人生にはそんなふうに万人が共通して納得できる「正解」があるようには思えないのです。

こうした「正解」をもとに考え、行動する習慣ができていると、いざその基準に自分が外れたとき、脳には大きなストレスがかかります。そして、〝安全策〟だったはずの人生が停滞し始めることもあるのです。

それでは元も子もありませんから、あらかじめ自分が思った道から外れたときに身を守る心のセーフティネットをつくっておく。こんな工夫も「ポジティブ脳」の正しいつかい方だと思います。

では、どのように世間の「正解」という色眼鏡を外せばいいのか。

私はそんなとき、ちょっと「おバカ」になってみて、心を自由にしておくことが大切だと思っています。

ちょっと前のことになりますが、私が宮崎県の延岡《のべおか》にお邪魔したとき、恒例の早朝ジョギングをしながら、ちょっと変な6秒のショート動画を撮影してツイッターにアップしたことがあります。

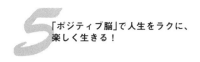

それはただ、走りながらピースサインを出して「ウェーイ」とつぶやいたところを自撮りしただけの、いささかおバカな動画です。

けれどもみなさん、これが……、なんと七百万回も再生されて、「超人気動画」として世の中に広まってしまったのです！

世の中の「正解」から自分を解放しよう

いったいなぜ、この「おバカ動画」にこれほどまでの反響があったのでしょうか？本当のところはまったく謎ですが、ただその手がかりとして、その動画をご覧になった方々からたくさんのコメントをいただきました。

「すごく賢い人がはっちゃけてるのを見て、みんな同じなんだって勇気をもらいました」「ウェーイ！は、何回見てもハッピーになります」など、多くは共感のコメントであったように思います。

そもそも私は、自分のことを偉い人とか、賢い人などとは思っていません。有名だとか、無名だとかいう考えもありません。

学者という肩書き、有名人という肩書き……。そういった世の中の「正解」にしばられるつもりはまったくないのです。

そんな無駄な基準をさっぱりと捨てて、〝フラット〟に楽しく生きている私の「ウェーイ」な姿を見て、多くの方が元気になっていただいたのかもしれません。

けれども、いわゆる秀才と呼ばれる人たちは、頭がいい、賢い、お金持ちである、容姿がいいといった基準を捨てられず、結果としてそこから外れてしまったとき、とても苦しんでしまうのです。

私たちは、そうした「正解」を捨てて、心の自由を持っておきたいものですね。そうすれば、どんな苦境におちいっても落ち込むことがありません。

つねにリラックスして、世の中の「正解」から自分を解放しておく――。

これも、今の時代を生きるための「ポジティブ脳」の知恵だと思います。

「今、ここ」に生きることの大切さ

さてもうひとつ、世間の〝基準〟という色眼鏡を外して、ポジティブ脳を手に入れるためにおすすめしたいことがあります。

そこでまずご紹介するのが「カルペ・ディエム（Carpe diem）」＝「その日を摘め」という意味のラテン語で、日本語では「今を生きろ」と訳されます。アメリカの名優ロビン・ウィリアムズの主演映画『いまを生きる』（Dead Poets Society）でもつかわれていた言葉ですから、ご存じの方も多いかもしれません。

では、この「カルペ・ディエム」とはどのようなことでしょうか。

私の解釈でいえば、これは「目の前にあることに集中して夢中になる」ということです。

私も「今、ここ」を生きることを、何よりも大切にしています。

仕事でも勉強でも、何かひとつ、目の前のことに、時間を忘れるくらいに集中する。そうすれば、そこから未来はつながっていく――。

これが「今を生きる」ということの本当の意味だと思います。

たとえば、イギリスの数学者ロジャー・ペンローズは、「集中して数学の問題を考えているときというのは、人に何かを話しかけられても答えられないくらい夢中になっている」といっています。

このように、時間が経つのを忘れてしまうくらい熱中している状態を、脳科学の世界では「フロー」もしくは「ゾーン」と呼んでいます。

このフロー状態とは、先に登場したアメリカの心理学者、チクセントミハイが提唱した概念です。スポーツにおいて最高のパフォーマンスを発揮させる方法としても有名で、このフロー状態においては「今、ここに集中する」ことそのものが行動の目的であり、その集中によって最高のパフォーマンスが生まれることが、脳への報酬となります。

その方法は拙書『この法則でゾーンに入れる！』（朝日出版社）に詳しく書きましたのでここでは省略しますが、とにかく重要なポイントは、いったんフローになってしまえば、そこに緊張や無理はなく、まるで木もれ日の中にいるようなリラックスした状態が存在するということです。

そしてそのリラックスした心でいたほうが、緊張していたときよりも、はるかにすぐれた結果を出すことができるのです。

そう考えると、結局のところ、「今を生きる」という行為の中にしか、人生の充実はないということかもしれません。

将来の不確かな「結果」を求めるよりもまず、今、自分がコントロールできること

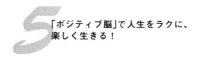

にリラックスして集中する。そうすることで、「より大きな結果」がついてくること
も多いように思います。

誰も見ていないところで、なぜ全力を尽くすのか？

「結果を気にしないで、ただ淡々と目の前のことをやったほうが、大きな結果が出る？　それってレベル高すぎ！　なんだか不安だし、そんなの普通できないから！」

こんなふうに思われる方も、いらっしゃるかもしれません。たしかにそれは、草原に伸びる一本の道の先に明るい町が待っていると信じて、とぼとぼと歩くような心細いこととも いえるでしょう。

そこで「今、ここ」を生きるためのヒントとして、次のエピソードをご紹介したいと思います。

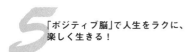

雅楽奏者の東儀秀樹《とうぎひでき》さんは先祖代々、朝廷で雅楽を演奏する仕事を受け持つ名家に生まれました。ご自身も最初は、宮内庁の雅楽部に所属していたのですが、これがとても忙しいらしいのです。

なぜかというと、宮内庁では日々たくさんの儀式が行われており、楽器だけでなく、歌も、舞いも、すべてをこなさなければならなかったそうです。ときには演奏を午後六時から始めて、だいたい日付が変わるくらいの時間まで、なんと六時間ノンストップで演奏し続けることもあったとのことです。

そこで私は「それほどに長い演奏、どなたが聞いておられるのですか?」と聞いたところ、東儀さんは平然と「誰もいません」とおっしゃるのです!

「神様が天から降りてこられて、しばらく一緒に歌や踊りや音楽を楽しまれて、また戻っていかれるんです」と、これまたすごいお話です。

誰も見ていないところで、「神様」にお聞かせするために、一切の手抜きなしに、全身全霊を込めて雅楽を演奏する――。

この話にはとてもびっくりさせられましたが、私はこれは私たちの仕事や生活においても、まったく同じなのではないかと思い至りました。

たとえば仕事をしているとき、自分がどれだけ努力をしたかとか、クオリティを上げるためにどんな工夫をしたかなどは、まさに「神様」だけにしかわからないことでしょう。つまり、他人があなたの仕事に「本当の評価」をすることなどは、そもそもできないといってもいいのです。

これは仕事ばかりでなく、たとえば女性がきれいになるための努力などにも当てはまるでしょう。

もちろんきれいになることで、恋人ができたりとか、まわりがほめてくれたりとかいう結果が生まれるわけですが、そもそもそれは、あなたが努力や工夫をしなければ起こらなかったことです。

いちばん大切なこととは、評価や結果じゃなくて、自分で努力を続けているその「時間」なのかもしれない――。そう考えると、人生がラクになりませんか？

なぜなら、自分の努力した時間さえ大切にしていれば、まわりがどう評価しようと、結果がどう変わろうと、心はゆるがないのですから。

先程もいいましたが「今、ここがすべて」ということです。そんな気持ちで前向きに、目の前のことに集中する習慣を持ってみてはいかがでしょうか。

結果を求めないほうが、かえって「大きな結果」がついてくる。この事実を、必要以上に難しく考えることはないのです。ただリラックスして平然と「今、ここ」に集中する。それが「ポジティブ脳」のつかい方の基本なのです。

「クリエイティブな腰かけ」で、しなやかに生きる！

「毎日あんなに一生懸命、会社のために働いてきたことはムダだったのか！　これからどうすればいいんだ！」

ある日会社からリストラされてこのように嘆く人がいます。たしかにリストラはショックなことですから、悲しんだり、絶望するのは無理のないことです。

ただ、これからの時代、ますます企業間の生存競争は激化していき、組織にはみずからが生き残るために、こうした避けようのない力学が生まれやすくなることは必然です。組織に所属する人間の知恵として「組織という枠に没入しすぎない」という意識を持っておくことが重要だと思います。

ささいなことですが、「私が勤めている会社」「私が所属している課」という言葉をつかわずに、「うちの会社」「うちの課」などと「うちの」を連発する人は注意が必要だと思います。組織に「過剰適応」し、組織と自分を一体化させてしまうと、たとえばいきなりリストラされたときなどに、精神のバランスを崩してしまいかねないからです。

じつは、あるときアメリカで次のような経験をして、そこから学んだことがあります。とても印象的だったのでご紹介しましょう。

世界中の誰もが知る〝超優良IT企業〟であるアップル社。ここで働いていたある人が、「I work for Apple.」という表現をつかっていたのです。これを直訳すれば「私はアップル社で働いています」となりますが、私はこの〝work for～〟という言葉のつかい方、つまり「アップルの〝ために〟働く」といういい回しに、彼の主張が表れているように思ったのです。

つまり、彼のニュアンスとしては、「アップルはアップルという会社にすぎず、自分には自分の人格がある。私はそのうえでアップルと〝対等の関係で〟働いているんだよ」ということです。

こうして「過剰適応」することなく、対等の関係を意識して働いていれば、たとえ組織の都合で解雇されたとしても、必要以上に心が傷つくことはありません。

もちろんここに日米の価値観の違いはあるものの、終身雇用や年功序列といった制度が崩れてきた今、人生をクリエイティブに生きていくために、心の切り替えが必要なことは確かです。こうして世界基準で会社と対等の意識を持って、流動的に働く時代が到来してきたということです。

“そこそこにこなす”という方法

こんな時代に「ポジティブ脳」で結果を出していくため、私はここで「クリエイティブな腰かけ」というアイデアをご提案したいと思います。

もちろん「腰かけ」といっても、適当にやるとか、いい加減にやるとかという意味ではありません。会社組織や肩書きに過剰に依存して、自分の人生すべてを会社に捧げるようなことはせず、いつでも「うちの会社」という看板を外せる勇気を持ってみよう、ということです。

では、「クリエイティブな腰かけ」とはどのような意味なのでしょうか。

じつはこれ、かつてアインシュタインがやっていた「人生の工夫」のことなのです。

おおざっぱにいえば、世間から「やれ」と押しつけられたことは、〝そこそこにこなす〟ということです。

彼は学生時代に教授とそりが合わなかったため、卒業後に大学から仕事がもらえず、紆《う》余曲折《よきょくせつ》の末に「特許庁」に勤務しました。そして彼はそこで、あまり興味のない仕事に自分を無理矢理に適合させるのではなく、「そこそこにこなす」という方法を選んだのです。

それはもちろん、仕事に手抜きをするということではありません。彼は興味のない仕事の中にも、何か自分に役立つことはないかを探しました。

たとえば町の「自称発明家」が、なんだかわけのわからない発明を持ってきたときなどもありましたが、彼はあとになってそのことを「論理的に整理して特許が申請できるようアレンジする仕事が、思考の訓練として役に立った」などと回想していたようです。

転んでもただでは起きないという姿勢、つまり、どんなに意にそまない仕事であってもポジティブに発想を転換し、やるべきことを探す姿勢を持つという覚悟――。

これもまた「今を生きる」ことのひとつの形だと思います。

結果として彼は組織に過剰適応することなく、自分が本当にやりたい研究に必要な時間と、十分な脳のエネルギーを確保して、先にご紹介した、とても偉大な研究成果を残したというわけです。これこそが、「クリエイティブな腰かけ」ということの本質ではないかと思います。

不安だからこそ、黙々と手を動かす

「目の前のことに淡々と取り組むことなんてできない。その先に待っているもののことを考えると、どんどん不安が増大して動けなくなってしまうんだ」

なるほど、脳科学の見地からもこうした反応は理解できるところです。

人間が身の危険を察知したときに発動する脳の指令に「じっとして何もしない」というものがあるのです。これは行動を起こさないことによって自分を安全に守るための反応です。

ただ、不安だからといってじっとしたまま動かなければ、やはり目の前の問題は解決していきません。

さて、ここでどうすれば脳の抑制を外し、状況を打破していくことができるのでしょうか？

そこで私は「不安なときこそ、手元を動かす」という方法をご提案します。

すでに申し上げた通り、ポジティブ思考というのはただ前向きに考えているだけでは何の意味もなく、とにかく動き続けるということが大切です。けれどもそれはそんなに簡単なことではありません。

長い人生、不安に押しつぶされそうになることだってあるでしょう。

そんなときこそ、なんでもいいから手元を動かしてみてほしいのです。

たとえばビジネスで、全社を挙げて作成した画期的商品のサンプルを取引先に送ってみたものの、向こうからまったく返事のくる様子がないようなときを考えてみてください。

もしかすると、商談は不成立となってしまうかもしれない……。そんなことを考えると、もう不安で不安でたまらなくなることでしょう。けれどもそんなときこそ、手元を動かす、つまりどんなに小さなことでもいいから、今、確実にできることに手をつけてみてほしいのです。

スタッフ全員が、ただちに取引先からの質問に応えられるよう、応答のマニュアルをつくっておくのでもいい。同業者の知り合いに電話して、取引先の現状を聞いておくのでもいい。

またそれ以前に、オフィスの整理整頓やゴミ捨て、さらにトイレの掃除をするなんていうことも、みんなの気分が明るくなっていい効果を生むでしょう。

何がどう転んだとしても、こうしてやるべきことをやっていることで、必ず事態は発展的な方向に向かっていきます。どんなに小さなことでも、淡々と続けられる〝しぶとさ〟が「ポジティブ脳」には必要不可欠なのです。

明日、世界が滅びるとしても…

前出の小説家・開高健は次の言葉を好んで色紙に書いたそうです。

「明日、世界が滅びるとしても　今日、あなたはリンゴの木を植える」

すなわち、どれほど失望するようなことがあったとしても、つねに粛々《しゅくしゅく》と手元の何かをやって明日への道筋をつくる、その行為自体が尊いのだということです。

そのような意味においては、不安なときはむしろ、何かをスタートさせるサインなのだと考えてみてもいいのではないでしょうか。

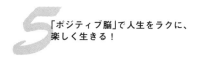

そもそも、不安なときこそ「単純作業」の効果があるのです。なぜなら、不安に注意を向けないための方法とは「なんでもいいから、ほかのことに注意を向けること」だからです。

それによって不安なことに脳のリソースを割く必要がなくなり、不安を解消する効果が期待できるはずです。

そしてもうひとつ、不安なときにやってみていただきたいのが「やるべきことの対象を分ける」ということです。

「不安なときに、どこから手をつけていいかわからない」

そんなことって、よくありますよね。大きな仕事をやっているときほど、こういった心境になりやすいものです。こんなときは、いきなりすべてをやろうとはせずに、それぞれを小さい仕事に細分化してみてください。

ここで大事なのは、自分が目の届く範囲で、コントロールできるサイズに落とし込む、という意識を持つことです。

「解消できない大きな不安ではなく、解消できる小さな不安に発想を転換して、ちょっとずつ分割払いしていけばいいいんだ」

そのような考え方にシフトしていくと、やるべきことの全体がものすごく大きく見えても、小さなことを積み上げていくことで、いつの間にか目標に到達しているということがあるのです。

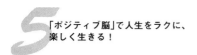

日本の秀才たちに欠けているもの

現代は、自分の行動次第で人生を好転できるとても良い時代です。

それを知っていながら、ばくぜんとした不安を感じて、なぜか物事を最悪の地点から考えてしまう――。多くの人が抱える深刻な問題です。いったい、どうすればこのネガティブ感情のスパイラルから抜け出せるのでしょうか？

その無意味さ、滑稽さを笑い飛ばしていただくため、私はある動画をつくって動画サイトの「ユーチューブ」にアップしたことがありました。

それは「I cannot speak English.」という題名の動画で、自信なさげな表情の日本人の秀才が、とても流暢《りゅうちょう》な英語をつかいながら、自分の英語力の低さを必死に言い訳するという、ひとりコントです。

英語に対して、滑稽なほど苦手意識を持っている日本人。勉強熱心で、基本的な英語のスキルは高いのに、まったく自信がない日本人……。そのネガティブ思考の無意味さを、ちょっとしたユーモアを交えて表現してみました。

これは決して、そういう人たちをバカにすることが狙いではありません。本来、不必要な「ネガティブ脳」を、ユーモアで笑い飛ばしていただきたかっただけなのです。

実際に、私たち日本人は英語を話すときに、次のようなネガティブな発想をしてはいないでしょうか。

「発音が悪い、文法が間違っている」➡「そんな英語を話してはいけない」

「会話が通じない」➡「自分の勉強が足りないせいだ」

それによって、英語でスピーチをしたり、英語圏の人と話をするときに、つい消極的になってしまう……。そんなときは、ちょっとした発想の転換が必要です。

そもそも英語が母国語ではない他の国の人で、英語が下手でも、通じなくても、自信満々にふるまっている人たちはたくさんいます。

以前に、こんなことがありました。私が出席したある国際会議で、あるアジア圏の方がネイティブの前でスピーチをしたときのことです。

その方が話す英語は、なまりが強すぎて英語が母国語の人でもわからないほどのものでした。けれどもその方は、そんなことはまったく気にせずに、堂々と自分の夢や

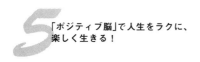

将来の計画を語り、それは堂々とスピーチをしていたのです。

彼はどうして、そんなふうに堂々とふるまうことができたのでしょうか。もちろん国民性もあるとは思いますが、私はそれ以上に「彼にはどうしても伝えたいことがあった」からだと思うのです。

ところが、日本人にはそのような「伝えたいことに対する情熱」が少しばかり欠けているような気がしています。

「恥ずかしい」とか「悪く思われる」などとは考えず、ただ「伝えるべきことを、どうにかして伝えよう」と考えて、淡々と話ができる――。

私は日本人もいつか、そんな「ポジティブ脳」を手に入れてほしいと思っているので、今後もさまざまなメディアを通じて、ユーモアたっぷりにメッセージを発信していこうと考えています。

おわりに

「私、何をやってもダメなんです」

「俺なんか、どうせダメ人間だ」

そんなネガティブな言葉が、延々と止まらない人がいます。

これは少々厳しめのいい方になりますが、そういう人は自分自身の可能性を否定することで、「何も行動せずにいられる状態」を楽しんでいるだけなんじゃないかと感じることがあります。いわゆる「悲劇のヒロイン」の状態です。

これはある特定の個人に見られる考え方というよりも、私たち日本人全体に見られる考え方の傾向であるように思います。それではなぜ、特に日本人は、ものごとをこのようにネガティブな方向に考えてしまうのでしょうか。

私がそのことを突き詰めて、ようやく見つけた答えは、「日本人は、失敗を恐れる気持ちが世界一強いからだ」ということです。

ひとつの理由には、この国独自の学校教育である減点法、つまり一〇〇点満点から、できなかった問題を減点していくという方針が大きく関係していることがあると思います。そしてまた、何百年も前から続いている、みんなの前で失敗して笑われることを良しとしない「恥の文化」も影響していることでしょう。

そのため、ちょっとしたことに失敗しただけで、「失敗する自分が悪いんだ」と自分を責めてしまうのです。国際的に比較してみても、日本人は私が先ほど述べた英語学習のコントのように、「失敗してもいいから自信を持ってやってみよう」という気持ちが足りない気がしています。

だからこそ、日本人は「不完全にやるよりも、何もしないほうがトク」と考えてしまいがちなのです。

アインシュタインが残した言葉に、次のようなものがあります。

「人間の価値は、その人がどれくらい自分自身から解放されているかによって決まる」

ここに「ポジティブ脳」を活性化させる大きなヒントが隠されています。

みんなにどう思われるかではなく、自分が何をやりたいかで行動する。
何もしないよりは、失敗しても挑戦したほうがいい――。

みなさんが「ポジティブ脳」を発揮して、このような逆転の発想をすることさえできれば、道は意外なほどに開けていくのだと思います。

最後になりますが、本書がこうしてでき上がるまで出版プロデューサーの神原博之さん、学研プラスの倉上実さんには本当にお世話になりました。心からお礼を申し上げます。

茂木健一郎

著者紹介

茂木健一郎　（もぎ・けんいちろう）

1962 年東京生まれ。

東京大学理学部、法学部卒業後、東京大学大学院理学系研究科物理学専攻課程修了。

理学博士。脳科学者。

理化学研究所、ケンブリッジ大学を経て現職はソニーコンピュータサイエンス研究所シニアリサーチャー。

専門は脳科学、認知科学であり、「クオリア」（感覚の持つ質感）をキーワードとして脳と心の関係を研究するとともに、文芸評論、美術評論にも取り組んでいる。

2005 年、『脳と仮想』（新潮社）で第 4 回小林秀雄賞を受賞。

2009 年、『今、ここからすべての場所へ』（筑摩書房）で第 12 回桑原武夫学芸賞を受賞。

近著として、『結果を出せる人になる！「すぐやる脳」のつくり方』（学研プラス）、『人工知能に負けない脳』（日本実業出版社）、『金持ち脳と貧乏脳』『成功脳と失敗脳』（ともに総合法令出版）などがある。

もっと結果を出せる人になる！
「ポジティブ脳」のつかい方

2016年5月3日　第1刷発行

著　　者 —— 茂木健一郎
発 行 人 —— 鈴木昌子
編 集 人 —— 吉岡　勇
編 集 長 —— 倉上　実
発 行 所 —— 株式会社 学研プラス
〒141-8415　東京都品川区西五反田2-11-8
印 刷 所 —— 中央精版印刷株式会社

〈各種お問い合わせ先〉
【電話の場合】
●編集内容については TEL03-6431-1473（編集部直通）
●在庫・不良品（落丁・乱丁）については　TEL03-6431-1201（販売部直通）
【文書の場合】
〒141-8418　東京都品川区西五反田2-11-8 学研お客様センター『もっと結果を出せる人になる！「ポジティブ脳」のつかい方』係
●この本以外の学研商品に関するお問い合わせ先
TEL03-6431-1002（学研お客様センター）

学研の書籍・雑誌についての新刊情報、詳細情報は下記をご覧ください。
学研出版サイト　http://hon.gakken.jp/